JN262314

宰相の羅針盤

総理がなすべき政策

【改訂】日本よ、浮上せよ！

衆議院議員
村上誠一郎
＋21世紀戦略研究室

東信堂

改訂版発刊にあたって

本書は、『日本よ、浮上せよ!~21世紀を生き抜くための具体的戦略』(一一年一一月初版)の改訂版である。

幸いにも初版は予想を上回る大きな反響をいただいた。もちろん襟を正すべき貴重なご意見、ご感想もあったが、多くは共感と叱咤激励を含むお褒めの言葉であった。「日本の現在の問題点を分かりやすく浮き彫りにし、その解決策もしっかりと提示されている」「21世紀を生き抜くための具体的な戦略が示されている」「政治家はもちろん、リーダーが押さえておくべき日本の現状が提示されている」等々。若手の政治家グループからは、「勉強会でテキストとして使用したい」という要請も多く寄せられた。いくつかの会で、講師として招かれたこともある。身に余る光栄である。一般に政治家の著作というと、建前論か抽象論、また政治家としての自慢話と論理の押し付けが目立つものだが、それだけは避けたいという当初の私の願いはほぼ達成されているようだ。

ご承知のように、先の衆議院総選挙(一二年一二月)でわが自民党は三年ぶりで政権に返り咲いた。自民、公明党が参院で否決された法案を可決できる三二〇議席を超える大勝。だが、心してかからなければならない。わが党への信頼が一〇〇%戻ってきたわけではないからである。誤った政治主導で民意にそむいた民主党は、大方の予想どおり大幅に票を失った。この分を第三極が食い合ったに過ぎない。戦後最低の投票率も影響してか、比例区では自民党の得票はむしろ前回を下回っている。信頼が戻ってきたわけではないというのは、この意味においてである。私は国民からの積極的支持ではなく、あくまでも相対的なものだと肝に銘じている。

日本が置かれている状況は、ますます困難なものになっている。経済、財政、外交、国防、社会保障、子育て支援、教育、エネルギー、食糧、そして、二〇二〇年、二〇五〇年問題など数え上げればきりがない。しかも、どれひとつとっても簡単に解決できるものではなく、しかもそれぞれが喫緊の課題なのである。

改訂版では、次の点を改めた。

まずタイトルである。より具体的に、現在のリーダーはもとより次世代のリーダーに向け、

『宰相の羅針盤～総理がなすべき政策』とした。

本文では、若干説明が不足していた部分の捕捉、論理をより明確にするための微調整、明らかな誤植などを改めた。また、装丁もより多くの方のお手になじむよう、やわらかなテイストのものを採用した。

初版からほぼ一年が経過し、状況は大きく変化した。だが、本質的には何一つ変わってはいない。むしろ問題点が浮き上がってきたに過ぎない。現状も加味し、大幅な加筆も考えたが、当時の〝温度〟を尊重し、現在との温度差を感じていただくほうがよりよいと判断した。

初版の反響の中で、「日本をより強くするためにはどうしたらいいのか、じっくりと聞かせてほしい」「若者が希望と誇りを持てる国家にするための方策を具体的に提示せよ」というご要望もあった。もっともなことである。だが、このテーマは初版を調整することで達成できるものではない。現在、新たな書を鋭意執筆中である。いましばらくお時間をいただきたい。ご期待いただければ幸いである。

はじめに

二〇一一年三月一一日午後二時四六分、東日本大震災。マグニチュード9・0の大地震が日本を襲う。四十数分後、過去の記録をはるかに超える大津波が発生する。死者・行方不明者は二万人を超えた。加えて、津波によって生じた福島第一原子力発電所の大事故。六基並んだうちの四基の原子炉が大きなダメージを受け、暴走し、放射能を広範囲に拡散させ、八万人以上の方々が避難を余儀なくされたのである。

巨大津波の影響とはいえ、原発事故が重なる世界でも例のない複合的な大災害。原子炉一基の事故でさえ深刻なのに、それが四倍に膨らんでいるのだ。コントロールを失った核燃料の無軌道な振る舞い、使用済み燃料棒の再臨界の危惧、多量な放射能の飛散と海洋汚染……。スリーマイル島事故(一九七九年)もチェルノブイリ事故(一九八六年)も原子炉一基のトラブルである。今回のケースは、地震と津波によるものとはいえ、これらの世界的な事故を凌駕する、世界最大の原発事故となったのである。

一方、財政の危機的状況はより逼迫している。「失われた二〇年」から脱出の糸口をつかめない経済、社会保障、国防・防衛、教育、どれも待ったなしの喫緊の課題ばかりである。特に財政は破綻寸前である。そして今回の大災害である。被害総額は一五兆円とも二五兆円とも言われている。財政破綻の危機は一層加速されたと言っていいだろう。従来の危機にさらに重なった国家的アクシデント。二一世紀最大の、日本の試練なのである。

細川政権が生まれ、いわゆる五五年体制が崩壊したときだった。野党になったいいチャンスだから、勉強会でもやってはどうかという提案があった。私は即座に同意し、専門を異にする同世代の仲間十数名と勉強会を立ち上げた。一九九三年のことである。政治・社会、現代の人類が抱える問題を考えることから始めようと思ったからである。これが「21世紀戦略研究室」の前身である。今回の震災後も、緊急の勉強会を複数回開催している。

勉強会は私に多大なる果実を与えてくれた。財務副大臣、行政改革担当大臣などを拝命した際、多くの貴重なアドバイスをいただいたのである。特に、行政改革担当大臣のときには、ダイエー、ミサワホーム、大京などを含めた一八件の支援、買取決定二一件、すべての債券・持分の譲渡などの処分決定六件の取りまとめに関して、また、規制改革での混合医療の解禁、コンビニでの薬品の販売など、長年にわたって解決できなかった課題に新たな光を取り入れることができたのも、勉強会のおかげなのである。

おかげさまで私は、衆議院議員として永年勤続二五年を迎えた。一九八六(昭和六一)年に三四歳で衆議院議員に初当選(中曽根内閣)して以来、四半世紀。これまでに経験し、勉強してきたことをもとに、また「21世紀戦略研究室」とともに、日本がどうしてこのような行き詰まりを見せているのか、日本人と日本の政治家は、なぜ誇りと自信を失ったのか、その原因を探りながら、未来への方策を提言しようと考えた。ここで、勉強したことを読者の皆様にも知っていただきたいのである。そして、あえて叩かれることを承知で、本当のことを直言することにした。これが、本書執筆の動機である。

しかし、ほぼ八割を書き上げ、出版に向けて最後の加筆訂正を行っていたところに、一〇〇〇年に一度の大災害が襲ったのである。

正直に告白しよう。今回の大震災により、これまで書き進めていたものが急速に色あせ、それまでの危機感が遠くに霞んでしまうような奇妙な感覚にとらわれたのである。強烈な光が当たると、周辺の陰影がハレーションを起こし、輪郭すらも消し去るのと同じ錯覚なのだろうか。3・

11の強烈なインパクトである。だが、いまは光があまりに強すぎて隠されているが、その影は実はどれもわが国にとって切実なものばかりを映し出しているのである。

大震災と原発事故は、元来抱えていたわが国の危機を大幅に加速させたと私は考えている。その意味で日本は新たなフェーズ(局面)に、否応なく突入したのである。私は出版をとりあえず断念した。

しかし、震災前の日本の危機が消えたわけではない。むしろ、大きな試練が加わることで、さらに厳しさを増し、われわれ日本人の上に立ちはだかるのだ。あの大地震、巨大津波、原発事故からどれだけ時が流れただろうか。だが、復旧・復興は遅々として進んでいない。原発の収束もままならない状態である。私はこれまでの原稿すべてを書き換えるつもりで、本書に再び向かうことにした。このままでは本当に日本はだめになってしまう。二一世紀の日本の存亡が問われているのである。どうしても暗く、重いテーマが多くなりがちだが、本書には明日につながる「希望」の芽もいくつか散りばめたつもりだ。日本のよりよい明日を、ともに考えていく参考になればこれほど嬉しいことはない。

最後までお付き合いいただければ幸いである。

村上誠一郎(衆議院議員)＋21世紀戦略研究室

目次／宰相の羅針盤——総理がなすべき政策

第三編　保守政治の目指すところ

装幀　中嶋デザイン事務所
編集協力／構成　佐藤　直樹

宰相の羅針盤——総理がなすべき政策

改訂『日本よ、浮上せよ！』

序　誰も本当のことを言わなくなった

今回の東日本大震災と原発事故、さらにその後の政府・東京電力等当事者たちの対応を見て、多くの国民は、ここ何年来か心の底で抱いていた危惧が、予想をはるかに超えて現実化していくのを目の当たりにし、まさに愕然としたのではなかろうか。

政治、経済、財政、産業、外交、安全保障、教育……。そして、政治家そのもの。「日本」はなぜこんなにもだめになってしまったのだろうか。日本の国家の心臓部、というより日本の国家そのものが、メルトダウン(炉心溶融)を起こしているのである。大震災と原発事故に対し右往左往し、後手後手に回る対応を見れば、それは一目瞭然である。だが、未曾有の困難に直面しているのにもかかわらず、誰も声を発しようとしない。誰も本当のことを言わなくなった。私はむしろ、このことのほうが怖いのである。今回の事故は明らかに人災である。

「こんな状態に接し、(このままでは日本がなくなることを知りながら)それでもいいと思っている人たちと、私は口をきく気にもなれない」

正直に言うと、この言葉がふと口から漏れそうになるときがないわけではない。話しても誰もわかってくれない。唇寒し秋の風だと、ともすれば投げやりになりそうなときもないわけではない。だが、つねに厳しい現実を冷静に直視していかねばならない政治家には、この言葉を口にする資格はないと自らに言い聞かせ、襟を正すことにしている。なぜなら、人と人が言葉でつながっていくこと、このことこそが、政治の原点だからである。

敬愛する英国の政治家、ウィンストン・チャーチルにこんな言葉がある。

「民主主義は最悪の政治形態と言える。ただし、これまで試されてきたいかなる政治制度を除けば」

言葉の限りを尽くしていくこと、それも魂のこもった言葉を発していくことこそが民主主義の原点だと、私は信じている。

■戦後最大の試練！――3・11東日本大震災に見る政府の限界

大震災と原発事故から、どれだけの時間が経過したのだろうか。はっきりとしていることは、何も本質的な解決に至っていないということだ。大震災と原発事故は、いまだ継続中なのである。

海部内閣の湾岸戦争(一九九一年)、村山内閣の阪神・淡路大震災、地下鉄サリン事件(ともに一九九五年)、そして今回。皮肉にも政権が脆弱なときに限って国難が襲う。話は違うが一八世紀ポルトガルで発生した巨大地震(推定マグニチュード8・5~9・0)と津波がある。リスボン大震災と呼ばれるものだ。六万人以上が死亡し首都リスボンは灰燼に帰した。世界に覇をとなえていたポルトガルの没落のきっかけともなったと言われるが、このときも愚鈍な王の支配下にあった。

阪神・淡路大震災。このとき私は衆議院の災害対策特別委員会の自民党の理事を務めていた。初期の混乱がやや落ち着きを取り戻したところで現地への視察も行った。もたつきがなかったとはいえない。いろいろな反省点もある。だが今回の政府の対応の遅れ、スピード感のなさは尋常ではない。すべてが場当たり的で、統一された収束への道筋がまるで見えないのである。

私は、これだけの国家的危機、重大緊急事態に対し、なぜ、安全保障会議を開かなかったのか不思議でならない。国家としての緊急事態体制を敷けば、意思決定は素早く行われ、しかもその発信元が国民にも明確となる。自衛隊との連携もより緊密になったはずだ。だが政府は、法律として認められているこの組織を使うことなく、わけのわからない新組織を次々に立ち上げたのである。

被災者生活対策本部、原発事故経済被害対応チーム、福島原子力発電所事故対策統合本部……

そして、二〇を超える委員会が召集される。さらに、蓮舫行政刷新担当相(当時)を節電計画等担当相に、辻元清美衆院議員を災害ボランティア担当の首相補佐官に任命する。国家的危機、重大緊急事態をまたもやパフォーマンスで乗り切ろうとしたのである。結局、これらの新組織は何をとりまとめ、どのように政策として具体化したのかがはっきりとしないまま、船頭多くして舟、山に登るのたとえの通りの結果を招いてしまったのである。

スリーマイル島の事故では、放射能の外部放出は一六時間で収まっている。チェルノブイリは一〇日である。日本ではまだ冷温停止もままならず、高濃度汚染水は処理しきれていない。復興へのめども程遠いのだ。

復興基本法の成立は震災から一〇二日目。阪神大震災は、約四〇日で基本法が成立した。関東大震災では「帝都復興院」が創設されたのが、わずか一か月弱の素早さである。枝野幸男官房長官(当時)は法案成立後の記者会見で次の点を強調した。

「客観的に遅いことは間違いないが、そのことによって何かに支障を生じているということではない」

認識が甘すぎる。政府の態度があやふやなために、どれだけ復興の妨げになっていることか。枝野官房長官の言葉は、被災地の方にどのように響くのだろうか。復旧・復興に向けたスピード感が失われている理由がこのひと言で理解できるのではないだろうか。

仏大統領ミッテランの大統領補佐官でもあった経済学者ジャック・アタリ氏は、ミスにミスを重ねる事故処理、国際的な援助や協力の拒否、真実を明らかにしない秘密主義。そして放射能の大量な放出に対し、もたつく政府のやり方に、内政干渉の是非をとやかく議論せずに、世界は行動したほうがよいとまで発言している。

●政治の素人と原子炉の素人(東電)が作る砂上の楼閣

原発事故への対応も後手後手に回り、失敗を繰り返してばかりである。初動の遅れ、判断ミス、情報の隠蔽……これらが、収束を遅らせる原因になっている。

失敗の大きな原因は何か。ひと言でいうと、素人であるということだ。言葉を代えると、素人でも何とか取り繕うことができると事態を甘く見ていたことである。政治の素人は、政治主導をはき違え、一私企業である東京電力にその責任のすべてを押しつける。東電も実は、原子炉の素人に近いのである。

東電は原子炉を購入し、それを動かしているだけのいわば単なるユーザーである。その原子炉が暴走を始め、危険なゾーンに突入しようとしている。原子炉を作ったのはGE(米ゼネラル・エレクトリック社)であり、日立、東芝である。なぜ、彼らの力を仰がないのか。私たちは、パソコンが故障したり、クルマに不都合が生じたとき修理に出す。素人で対応できるのはごく一部に限られ、多くのトラブルは専門家の力が必要になることを知っているからだ。東電は、原子炉を使用して電力を供給しているが、原子炉そのものに対しては半素人なのである。まして、メルトダウン(炉心溶融)し、溶融した核燃料がどのように振る舞い、同じ建屋に同居する使用済み核燃料がどのような危険性をもっているのかも十二分の知識をもっているとは言えないだろう。放射能への認識もあまりにも甘すぎる。

はっきり言おう。原子炉の重大なトラブルは素人には直せない。トラブルの原因究明はもちろん、今後の経過の分析も対応も無理ではないか。原因の究明ができないから処方箋も間違う。正しい情報がキャッチできていないから当然なのだ。ところが政府は、半素人(東電、保安院)がもってくる情報をどういうわけか信頼し、待っているのである。不確かな情報を土台にどのような政策を組み立てたところで、砂上の楼閣である。東電が出した収束のための工程表だけが、砂上の楼閣なのではない。大震災、原発事故の収束、復旧、復興のすべてが砂上の楼閣と化すのである。

生半可な知識をもった素人ほど危険なものはない。確かな知識と経験に基づく人の意見を聞かず、お気に入りの専門家と称するお追従集団を集めて満足する。素人は事態をこじらせ、危機は肥大化するのである。誰がいったい、この震災の復旧・復興、そして原発事故収束をリードしているのか。どのようなシナリオのもとで行われているか、何も見えないのだ。そして最終的には、責任の所在も極めて不明確になるのである。

私はこのような状況をそのまま見過ごすことができず、超党派の有志のご賛同をいただき、一〇〇人規模の「原発対策国民会議」を立ち上げた。第一回目(四月二〇日)は、大きな反響を呼び、賛同の輪が広がりながら会は数回に及んでいる。集まるマスコミも驚くほどに増えている。そして現在、原発収束法案としての議員立法に向け、努力を重ねているところだ。原発対策国民会議初回と並行して、衆議院決算行政監視委員会(四月二七日、八月一〇日)でも質問をさせていただいた。

なお、こうした福島第一原発事故に対する活動を含めた別書(『福島原発の真実 このままでは永遠に収束しない。―まだ遅くない。原子炉を「冷温密封」する!』)を近く刊行する予定なので、詳しくはそちらをご覧いただければ幸いである。

以下、この大震災と原発事故に際してやむにやまれず、先送りを重ねた結果ついにどん詰まりまできてしまった今日の状況に対し、年来私たちが考えてきた日本再興に向けての方策をぶつけ、政局に風穴をあけようと意図したものである。つたない文章であるが、ご一読をお願いしたい。

図表1　冷温密封一部開放型システムにより解決

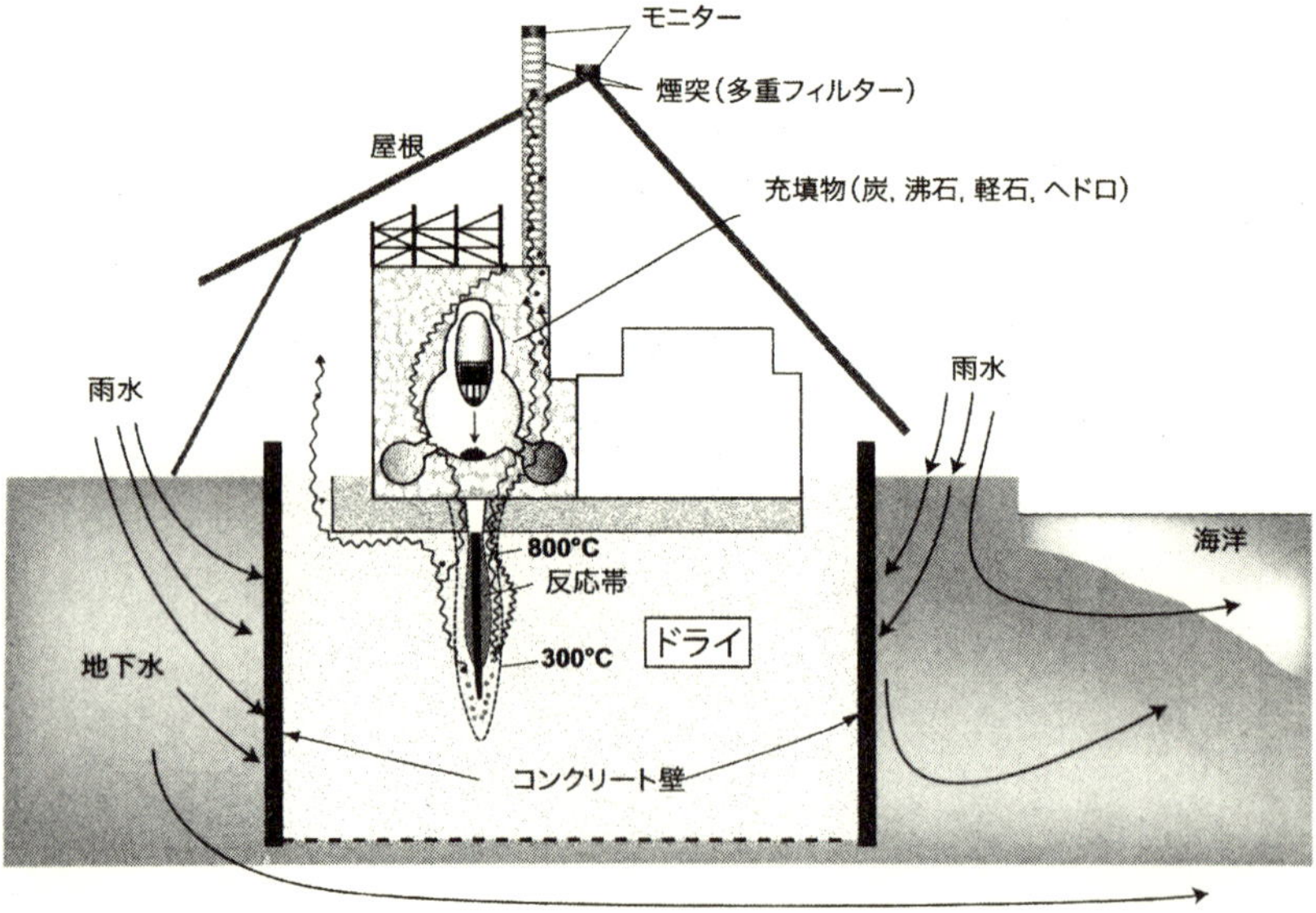

私は当初から「冷温密封一部開放型」を提案してきた。原発事故対応の3大原則は「停める、冷やす、閉じ込める」である。上図は、まず地下をコンクリートの壁で囲む。汚染水の海や地下水への流出、土壌への影響、逆に地下水や雨水の流入を遮断する。建屋にも覆いをつけ、多重フィルター付きの煙突を設置。これで雨風や放射能の外部流出を防ぐとともに放射線量をつねにモニターする。政府・東電は、水にこだわりすぎている。当初、格納容器の冠水化を目指したが、5月には断念。当たり前である。穴のあいたバケツにいくら水を注入しても、ジャージャーと下にこぼれるだけ。しかもその水は高濃度汚染水である。外部に流すことは絶対にできない。循環冷却に切り替えたが、故障と水漏れで順調に作動していない。高濃度汚染水は、現在、地下水の流入もあり20万トンに近づいている。汚染水1トン浄化するのに2億円かかるという試算もある。単純に40兆円。国家予算の半分に近い。浄化装置を提供している仏・米にどれほど支払うのだろうか。詳細については、近く刊行予定の『福島原発の真実　このままでは永遠に収束しない。−まだ遅くない。原子炉を「冷温密封」する！』（東信堂）をご覧いただきたい。

第一編　日本再興へ向けて

――日本を根本から立て直さなければ明日はない

■なぜ何もかもうまくいかなくなってしまったのか

政権が交代し、いよいよ二大政党時代の幕開けだと、期待された方もいらっしゃったのではないだろうか。だが、どうも様子が違うのだ。後手後手に回る大震災や原発事故の対応を見ても、それははっきりとわかる。この内閣に国家は任せられないのである。

期待された二大政党とは異なっているのである。代表する二つの勢力が国家観や政策で積極的に競いあうのではなく、政党そのものが分裂したり、三つ、あるいは四つの勢力がうごめきながら、三竦み、四竦みの状態で互いの足を引っ張りあい、あるいは牽制して、にっちもさっちも行かなくなっている。日本はいま、震災や原発事故をはじめ、同時に内外の重要な問題を抱えている。それを少しでも早く解決しなければならないと焦りながらも、前へ進むことができないでいるのだ。ブレーキを踏みながらアクセルを踏む、あるいは錨(アンカー)を降ろしながら船を先に進めようとやっきになっている。気持ちばかりが先走り、もたついているうちに、世界はどんどん先へと進み、国内の問題はそれに反比例するように深刻さの度合いを増している。

●二一世紀を一〇年以上過ぎても解決策が見いだせない

私は小泉内閣で行政改革など国務大臣・内閣府特命担当大臣を拝命した。小泉内閣は五年と五か月である。その後、安倍、福田、麻生、そして、民主党に政権が移ってからの鳩山。それぞれの首相在任期間は一年もなかった。いきなり消費税の一〇％を言ってみたり、原発事故対応で混乱し無能をさらけだした菅内閣は、一年と三か月。続く野田内閣も、党内基盤がグラグラ。推して知るべしだろう。重要な課題は先送りされるばかりである。内外の状況変化のスピードに政治がついていけないのである。トップがころころ代われば、継続した戦略的蓄積が不可欠な外交などできるわけがない。民主党政権発足以来、閣僚間の発言が異なり、同盟国であるアメリカをも「誰が何を考えているのかがわからない」と呆れさせた。クルクル変わる「回転ドア」と揶揄される始末である。昔はすぐれた指導者が重要な局面に現れ、この国を救った。だが、いまはその影さえ見えないのである。

ＧＤＰは世界第二位の地位を中国に譲った。ある調査によると、一九九〇年に世界一だった日本の国際競争力は二七位に、一人当たりのＧＤＰは三位から二三位に転落している。

財政の危機的な状況も相変わらずである。日本の借金は一〇〇〇兆円の大台に乗せたとの報道があった。国債発行残高は経済の規模からいうとアメリカの二倍以上に達しているのだ。

円高とデフレの進行が止まらない。雇用不安も拡大するばかりである。バブル以降の「失われた二〇年」の出口はまるで見えない。景気回復の先行きは依然として不透明なままである。経済界も自分の会社、属する業界のことだけで目一杯。かつて経済は一流といわれた日本の面影すらすっかり薄れてしまったようなのである。

■リーダーのための教育は?

一方、日本の誇りでもあった優秀な官僚のシステムも、度重なる官僚の不祥事と、民主党の政治主導の名のもとに、もてる力を発揮できず、くすぶり続けている。そのポテンシャルは著しく低下、停滞したままなのである。

いまや官僚を志す若者が激減している有様だ。若者にとって「官僚」はマイナスイメージで語られるのだ。これでは、いい人材が集まるわけがない。

さらに、日本の将来を担う人材を育てるべき大学にも問題が多い。まず、学生のモチベーションを高めることに失敗している。一例を挙げれば、あのサンデル教授の「正義」を巡るハーバード大の白熱教室には、日本人の姿はほとんど見えない。米国最古の歴史を誇る名門ハーバード大学のファウスト学長が来日した際(二〇一〇年)の話では、同大に在席している日本人留学生は九九年には一五一人を数えたが、二〇〇〇年には一〇一人に減少、しかも現在はたったの五人まで激減している。

同じ時期、中国は二二七人から二倍以上の四六三人、韓国も一八三人から二倍近くの三一四人に激増しているのである。

米国に留学する日本人留学生はピーク時のほぼ半数にまで減少したという。ノーベル化学賞受賞者・根岸英一氏は、「日本の若者が海外留学する勇気を失えば、日本の研究水準が下降するばかりか、技術主導の日本製造業にとっても大きなリスクになる」と懸念している。チャレンジ精神溢れた優秀な日本の若者はどこへ行ってしまったのだろうか。

民主党・鳩山政権の普天間基地を巡る迷走で、日米関係はぎくしゃくし、そのスキをついて強大な軍事力を背景とする中国の台頭が際立ってきた。

尖閣諸島沖での漁船衝突事件。連動するかのようなロシアの北方四島の実効支配の強化。北朝鮮の核開発疑惑と韓国砲撃など一連の挑発行為。これらは水面下でつながっている。

だが、中国漁船衝突事件の対応に政府は右往左往するばかり。後手後手に回り「弱腰外交」と呼ばれ、非難を浴びたのは記憶に新しい。

他人の家の庭先に勝手に入り込んで「ここはオレの土地だ」と叫んでいる不届者に不透明で場当たり的な対応しかできない。しかも那覇の地検に責任を丸投げし、政治判断から逃げたのである。多量の酒を飲みながら操船していたという船長は、自国の英雄として不敵な笑みを浮かべながら帰国し、日本と日本人をせせら笑っている。

この状況を目の当たりにして、国民の政府に対する信頼は大きく揺らいだのである。政治から自信も誇りも失われている。政治家ばかりではない。日本人もまた、日本のよき伝統に根ざした美と精神、文化、それに対する自信と誇りを喪失しているように思えてならないのである。

第一章　リーダー育成のための教育を創る
――その基盤の構築と英才教育の復興

■すぐれた指導者、リーダーが、なぜ日本からいなくなったのか

日本のリーダー不在がよく言われる。すぐれた指導者、リーダーと何か。人間的魅力に溢れ、独自の存在感を示し、一〇年先を見据え、些事に惑わされず大義を貫く決断力と実行力を備えている。世界における日本の存在と役割を冷徹に見通し、たとえそれが痛みと負担を伴うものであっても、国民に利益と価値を説明し、説得できる。将来にとって必要であれば批判を覚悟の上で、施策・方針として打ち出し、強力に推し進める行動力がある。これらを兼ね備えた指導者、リーダーがいないのである。財界人ならこれにマネジメント能力が加わるだろう。かつては重要な局面に、すぐれた指導者、リーダーが現れ、国難を救った。

西洋列強に開国を迫られた明治維新。朝鮮半島を巡る日清戦争、ロシアの南下政策による日本

支配の脅威に直面した日露戦争。そして、太平洋戦争敗戦後にも、焼け跡から日本を再生すべくすぐれた指導者、リーダーが現れたのである。彼等は戦前の教育をしっかりと受けた人たちだったのである。

ニューズウィーク日本版『リーダーが消えたニッポン』(二〇〇九年四月二二日号)は、麻生政権末期に特集が組まれたものだ。支持率の極端な低下にあえぎ、自民党がその政権を民主党に明け渡す、いわば前夜ともいうべき時期に編集されたものだが、次の部分は現在の日本にもすぐに通用するだろう。

「現在の日本にリーダーはいない。(中略)役人たちの信頼は地に落ちた。政治家はどうしようもないほど無能で、ビジネスエリートたちは経済を立て直せずにいる。どこにも責任者らしき人物は見当たらない。皮肉なことに日本は伝統的に有能なリーダーを輩出してきた。歴史の重要局面では先見の明のある人物が登場して、新しい時代を切り開いたものだ。西洋列強に開国を迫られた19世紀や、戦争に負けた20世紀半ばがそうだった」

●まさに日本は漂流している

政界でもリーダー不在を象徴する出来事が起きる。小泉内閣による、中曽根、宮澤両氏の議員引退勧告である。これにより、旧制高校最後の世代が政界から消滅するのである。その後どうな

図表２　戦後日本の歴代首相の最終学歴

吉田　茂	東京帝国大学法科大学政治科
片山　哲	東京帝国大学 法学部独法科
芦田　均	東京帝国大学法学部仏法科
鳩山　一郎	東京帝国大学法学部英法科
石橋　湛山	早稲田大学第一文学部
岸　信介	東京帝国大学法学部法律学科（独法）
池田　勇人	京都帝国大学法学部
佐藤　榮作	東京帝国大学法学部法律学科（独法）
田中　角榮	中央工学校
三木　武夫	明治大学法学部
福田　赳夫	東京帝国大学法学部
大平　正芳	東京商科大学（現・一橋大学）
鈴木　善幸	農林省水産講習所（現・東京水産大学）
中曽根 康弘	東京帝国大学法学部政治学科
竹下　登	早稲田大学商学部
宇野　宗佑	神戸商大中退
海部　俊樹	早稲田大学第二法学部
宮澤　喜一	東京帝国大学法学部政治学科
細川　護熙	上智大学法学部
羽田　孜	成城大学 経済学部経営学科
村山　富市	明治大学専門部政治経済科
橋本 龍太郎	慶應義塾大学法学部政治学科
小渕　恵三	早稲田大学大学院政治学研究科
森　喜朗	早稲田大学第二商学部
小泉 純一郎	慶應義塾大学経済学部
安倍　晋三	成蹊大学法学部政治学科
福田　康夫	早稲田大学政治経済学部経済学科
麻生　太郎	学習院大学政治経済学部政治学科
鳩山 由紀夫	東京大学　スタンフォード大学大学院
菅　直人	東京工業大学理学部応用物理学科
野田　佳彦	早稲田大学政治経済学部政治学科

ったのかはすでにみなさんが知るところだ。戦後教育を受けた首相は、民主党に政権が移行してからも、その多くは短命に終わっている（**図表2　戦後日本の歴代首相の最終学歴参照**）。一年ももたない内閣が続出する。政治が停滞し、混乱するのは当然である。日本はもとより、世界の国々にとって最大の悲劇は何だろう。それは、資質も国家観もないリーダーが迷走しながら国を動かすことなのである。

アメリカが債務危機（二〇一一年）に陥ったとき、国益よりも党益、党益よりも保身に走り、増税や歳出減の対象など最大の焦点を先送りした議会を皮肉ってニューヨーク・タイムズ紙は解説の一文にこう書いた。「米国の政治が日本型に近づいている」。船長がいない船のように、国としての方向性がまるで見えない。諸外国が呆れるのも無理はない。誰に話をすれば通じるのかさえもわからない。国際会議の席上でも、いつ代わるかもしれない首相や大臣にまともな話などできるわけがない。日本はあてもなくただ漂っているばかり。まさに日本は漂流しているのである。各国のトップは、漂流している日本をとりあえずは傍観するしかないのである。そして、このスキを衝いて領土、領海を脅かす問題が浮上してくるのである。日本人の誇りと尊厳を踏みにじる行為を重ねるのである。

二・二六事件が起きた一九三六（昭和一一）年から、太平洋戦争に突入するまでの六年間に首相が七人も交代している。しかもその内閣のほとんどが一年以内に交代している。外務省、軍部、内閣の統制された見解がとれず、ばらばらな外交によって世界から不信感をもたれ、最後には世界から孤立し、大戦へとなだれ込んだ。現在の政治状況と酷似しているのである。ちぐはぐな外交と停滞は、見えないところで相互の誤解を生み、それがときにいびつな形で増幅し、不幸な結末へと加速することはよくあることなのである。

私はここまで、日本からすぐれたリーダーがいなくなったその原因を戦後の教育にあると述べてきた。しかし、歴史の針を戻すことはできない。戦前の教育システムそのものを復活させることも、もちろんできないのである。しかし、戦後の教育を改めてシビアな目で見つめなおし、再構築すべき時期にきているのではないかと思うのだ。

■江戸期、戦前期の教育を見なおす

●江戸期の都市の識字率は七～八割もあった

江戸時代以前は、教育を受けられるのは貴族や武士の子弟に限られていた。だが、江戸時代に入ると一般庶民のための寺子屋が生まれる。さしずめ今でいう小中一貫教育といったところだろうか。江戸幕府が管轄する昌平黌《しょうへいこう》は、現在でいえば国立の東京大学。藩では藩校が、また私塾も各地に設立された。

藩校は七〜八歳で入学し、一四歳〜二〇歳くらいで卒業する。一般には文武両道を目指し、まず文を習い、のちに武芸を学ぶ。入学資格があるのは藩士の子弟。庶民の子弟は原則的に入学できない。寺子屋は庶民の学校。読み書き算盤《そろばん》を中心にした教育が行われた。

少し時代がさかのぼるが、一四〇〇年ころに日本にやってきた朝鮮通信使は、当時の人々の読み書き能力の高さに感心したという記録もある。この時代は貴族や武士階級が中心だが、江戸時代になるとかなり多くの庶民も文字を書いたり、読んだりすることができるようになった。

江戸期の都市の男子の識字率は、おそらく七〜八割に達していたのではないかと言われている(女子は二割)。国民の七%を占める武士階級は平均すると中学卒業程度の教養をもち、識字率はほぼ一〇〇%。他の多くの層、たとえば商業に従事する人は、読み書き算盤(そろばん＝数的処理能力)は必須になる。いずれにしても、当時の世界の中では群を抜いている。

では、農民は文字が読めなかったかといわれれば実はそうではない。年貢などを庄屋に納める際、それを記録するのは庄屋の役目。その文書が残っていることにより、これまでは、農民は文字が読めないのではと推測されていた。だが、江戸時代の古文書や冊子、書籍はどこの地方でも探せば大量に見つかり、郷土資料館などに保管されている。また、年貢を出すときにも自身で記録したり、計算したりするほうが自分のためにもなるし合理的だ。これはあくまでも推測だが、農民の二割程度は、読み書き算盤ができたのではないかとも言われている。

●明治の藩校、私塾にみる新時代を築くための知識への貪欲さ

明治維新の成立は、藩校はもちろん、私塾がなければ成し遂げることはできなかっただろう。維新の志士たちのことごとくは藩校や私塾で徹底的に勉強している。日本の未来を考え、政治体制の大転換を図るために、みな真剣だったのだ。その勉強は教養などというやわなものではない。斬れば血がしたたるような切羽詰まったものだったはずだ。知識の吸収力は並大抵のものではなかった。乾いたスポンジがすぐに水を吸収するように、新しい知識を、消化不良などものともせずに貪欲に吸い取っていったのだろう。

例えば松下村塾(山口・吉田松陰)では、高杉晋作・久坂玄瑞・伊藤博文・山県有朋をはじめとするおびただしい俊才を輩出している。そのほか、「鳴滝塾」(長崎・シーボルト)、「鈴の屋」(伊勢松阪・本居宣長)、「適塾」(大阪・緒方洪庵)、「五岳堂」(宇和島・高野長英)、「春林軒」(紀州・華岡青洲)、「氷解塾」(江戸・勝海舟)、「象山塾」(江戸・佐久間象山)、「鳩居堂」(江戸・大村益次郎)、「慶應義塾」(江戸・福澤諭吉)などなど。数え上げるときりがない。漢学、和算、天文、書、画を専門とする塾が全国的に広がりを見せ、現代の私学にその伝統を受け継ぐ私塾も少なくなかったのである。

坂本龍馬も、地元高知の楠山塾に一二歳のとき入塾している。いつも泣いて帰ってきて、寝小

便ばかりしている洟垂れ小僧だったようだが、脱藩し、数々の塾を訪れ、勝海舟と出会うことにより、世界への目線が広がっていくのである。

江戸期および明治期を生きた人はとてもよく勉強した。福澤諭吉の適塾の毎日は昼夜の別なく勉学に励むことにあけくれ、布団の中で寝ることはなく、朝食の支度ができるころに眠りについたともいわれている。福澤は『福翁自伝』の中でこのように書いている。「私一人が別段に勉強生でも何でもない。同級生は大抵みなそんなもので、およそ勉強ということについては、実にこの上になしようはないというほどに勉強していました」。新時代を築くための知識への貪欲さが感じられる言葉である。

●優秀な人材をピックアップし育てる良き伝統

戦前の日本の教育システムは、他国にはないリーダー輩出能力を備えていた。明治の中期から戦前までのリーダーたちは、陸士、海兵、高等師範、旧制高校、高等商専学校などで刻苦勉励し日露戦争を勝利に導き、敗戦後の日本の再生にも大いに活躍したのである。戦前の政府のすぐれたところは師範学校を創設したことにあると私は考えている。貧しいけれども優秀な人材を師範学校に入れ、そこで教育の拡大再生産を行った。貧しいから給料制で入学させたのである。ここに優秀な人材がどっと集まった。明治政府の賢かったところは、給料を与えながら、優秀な人材を師範、陸士、海兵学校などに吸収することで育成し、軍隊はもちろん各方面にリーダーとして散りばめたところにあった。モノ、カネ、人とよく言われるが、「国家は人なり」のコンセプトを貫いたのだ。人の育成にカネを惜しまなかったのである。そしてカネを有効に使ったのである。子ども手当や高校無償化でばらまくくらいなら、貧しいがゆえに教育格差にあえぎ、高い教育が受けられない優秀な若者を吸収し、すぐれたリーダーとして育てる工夫を考えるべきなのである。日本も真のリーダーを育てる教育システムを再構築する必要がある。

歴史小説としての『坂の上の雲』(司馬遼太郎)、『不毛地帯』(山崎豊子)、『官僚たちの夏』(城山三郎)などの作品が読み続けられ、映画やドラマとしてリメイクされているが、これらの主人公はみな戦前のエリート教育を受けた人たちだ。『坂の上の雲』の秋山好古は陸軍士官学校、真之は海軍兵学校を主席で卒業。秋山兄弟は愛媛・松山の貧しい家に生まれている。

■政治の究極の目標は共存共栄である

かつては経済的利益のため、覇権を拡大するため、あるいは紛争を解決する手段として殺戮、略奪を伴う争い＝戦争があった。部族間の争いで人間の命が平気で失われていたのである。それを、互いに命を失うことなく、どのようにしたら部族同士が繁栄できるのか、そこに政治の技術

＝タクティクスが生まれる。共存共栄が政治の最大の目標である。共存共栄という考え方は、平時には自国の国民生活の向上であり、生活の安定である。外交はそれぞれの国益に根ざし冷静に展開されねばならない。国益をどう維持し発展させるか。国家の持続的発展は国益なくしては生まれない。一方、世界がグローバル化するにしたがい、自国の国民の生活の向上と安定を土台として、世界の平和と安定にどう貢献できるのかが、政治に問われるようになってきたのである。

日本はなぜ、こんなにもだめになったのか。日本人はなぜ自信と誇りを失ったのか。ここではその原因を近代日本の歴史に求め、それを振り返ってみたい。

●四〇年周期で繰り返す日本の大転換

近代史の中で日本がゼロの地点に戻ったのは、大きく三度ある。明治維新（一八六七年）、日清・日露戦争（一八九四・一九〇四年）、そして太平洋戦争（一九四一〜四五年）。どれもが日本の歴史、経済、文化を根底から覆す出来事ばかりである。ほぼ四〇年周期でこのような大変革が現れている。日本の歴史がゼロの地点に大きく振れ戻るエポックである。すべてに共通しているのが、外圧が深くかかわっていることだ（**図表3　日本史を学ぶ：日本近代化一〇〇年戦争参照**）。

明治維新は黒船の来航に始まる、米国、英仏蘭の開国を迫る外国の圧力。日清・日露戦争の両大戦は、朝鮮半島を巡る争いであり、日本にとってはロシアの南下による日本支配を防ぐ戦争で

：日本近代化 100 年戦争

<日本近代化と外交関係>

1854	日米和親条約　調印
1858	日米修好通商条約　調印
	幕府　対　ハリス（USA）
1871	岩倉具視　欧米に派遣（〜73）
1883	鹿鳴館時代　井上馨－大隈重信－青木周蔵
1894	日米通商航海条約　締結（第一次条約改正）
1899	改正条約（法権回復）実施←陸奥宗光
1911	第二次条約改正（関税自主権の回復）←小村寿太郎
	日米通商航海条約＋改正調印

【解説】

開国後、結ばれた日米和親条約は不平等条約。57 年後の改正成立の背景には、日清・日露戦争の勝利がある。中・露を単独で破る。ここに独ウィルヘルム二世に代表される黄禍論が生まれる。「イエロー・モンキー」につながる有色人種への蔑視、不快感である。

欧米列強のアジア植民地化に抗する新興国家日本に対する外圧が続く。軍事競争の不平等条約ともいえる軍縮圧力。石井・ランシング協定、ワシントン条約、ジュネーブ軍縮会議。止めは 1940 年の対日石油輸出の禁止。続くハル・ノート。軍部も国民も受け入れがたい満州事変以前の状態に戻せとする外圧。米英中蘭による ABCD 包囲網を強化。窮鼠猫を噛む如く日本は戦争に突入。そして広島・長崎原爆投下で敗戦を迎える。東京裁判で、日本がすべて悪であるというシナリオが貫徹される。いわゆる東京裁判史観、自虐史観の徹底的な刷り込み。世界が帝国主義であった時代、勝者は歴史を書き、敗者は悪となる。歴史の常道である。背景にある人種差別。マッカーサーは引退後米議会で証言（1951 年）。「原料の供給を断ち切られたら、1 千万人から 1 千 2 百万人の失業者が発生することを日本政府、軍部は恐れた。したがって彼らが戦争に飛び込んだ動機は、大部分が安全保障の必要に迫られてのことであった」。東京裁判史観は、領土問題や慰安婦問題などアジア外交に現在でも影を落としている。ある歴史学者は、ハル・ノートの作成はハル国務長官の部下であるコミュニストが担当し、ソ連との関連の中でヨーロッパ戦線にアメリカを引き込みたい英首相チャーチルの思惑もあったと指摘している。

図表3　日本史を学ぶ

＜歴史的事件＞

1853　ペリー来航
1868　独立（自主）
　　　or
　　　植民地（隷属）
} 富国強兵

1895　日清戦争　勝利
1905　日露戦争　勝利
　　　有色人種が白色人種に勝利
} 黄禍論の登場
（独）皇帝ヴィルヘルム２世

↓

1917　石井・ランシング協定
1922　ワシントン条約
1927　ジュネーブ海軍軍縮会議
1939　日米通商航海条約の破棄
1940　対日石油輸出を禁止
1941　ハル・ノート ⟶ ABCD 包囲網
　　　・中国、仏印からの全面撤退
　　　・満州事変以前の状態へ戻す
1945　太平洋戦争　終戦
} ⟶ 欧米との摩擦
窮鼠猫（虎とライオン）
を噛む状況に追い込まれる
⟶ { 玉砕
　　屈服

極東裁判史観：ファシズム（日本）VS 反ファシズム

1985　プラザ合意　→　マネー敗戦
2005　未来永劫責任を負わすのか？
「過去を忘れ、未来を志向しよう」（周恩来・鄧小平）
} 戦後復興

もあった。そして太平洋戦争。アメリカ、イギリス、中国、オランダの経済ブロック、それら参加国のイニシャルをとったいわゆるＡＢＣＤ包囲網をきっかけとした、おもにアメリカを相手にした戦争であった。

ちなみに、太平洋戦争敗戦から四〇年後がプラザ合意（一九八五年）である。為替レートの先進五か国の協調介入により、ドル高の是正が目的とされた。当時一ドル＝二三五円の為替レートが一年後には一五〇円台になった。輸出産業は大打撃を受け、日本が保有しているアメリカ国債の価値は半分になってしまったのである。円高不況が日本に起こり、のちのバブルを誘発。「失われた二〇年」と呼ばれる経済の停滞、後退、空洞化をもたらす。

現在一ドル＝七〇円台前半を窺う攻防が繰り広げられている円高ドル安の遠因となるものである。これも外圧である。直接戦火こそ交えないが、国家の存亡にかかわるまぎれもない圧力。「通貨戦争」がスタートしたのである。ちなみに中国が世界的な要請である元の切り上げになかなか応じないのは、「失われた二〇年」のきっかけとなったプラザ合意後の日本経済の没落をしっかりと分析しているからだと言われている。

プラザ合意から四〇年後は、私が警鐘を鳴らしている「二〇二〇年問題」が控えている。だが、その前に外圧ではないが、一〇〇〇年に一度の大震災と世界最悪の原発事故に見舞われたのである。日本の戦後最大のピンチである。この危機を乗り越えるためにも、近代日本が大きく変貌を遂げた太平洋戦争の敗北からの再生にもう一度目を向けたいと思う。ゼロ地点と呼ぶには、あまりにも大きな代償を払わなければならなかった過酷なマイナス地点からの再生だったからである。

■日本の教育とその未来

リーダーを育てるために、まずその基盤をなす教育の在り方について考えてみよう。どこの国も目指していることではあるが、日本も国力を強化し、世界に貢献できる国にならなければならない。そのためには、老後も含めて安心できる社会を実現し、若者が夢をもちながら成長できる社会環境が必要である。国の力、つまり国力は、人口と能力、そして資源との関係の中にあると私は考えている。数式で表現してみる。

「国力」＝「人口」×「能力」＋「資源」

式の「能力」にあたる部分を生み出すのが教育である。基礎学力がますます低下するとしたらどうだろう。極端な場合、「能力」がゼロになると、いくら人口が多くても、ゼロを掛けるとゼロになるのだ。結果的に、「人口」＝人間の存在する意味が消滅するのである。人間から能力が失われるなら、ほとんど動物に等しい。国家など形成することさえ不可能になる。というより、国家などそもそも必要ないだろう。

資源にはエネルギーはもちろん、食糧、情報なども含まれる。すでにご承知のように、日本の人口は少子化のために国を支える未来の力は減少する傾向にある。残念ながら日本には現在実用化できる天然資源は少ない。一方で石油、天然ガスなどの化石燃料は、三〇年、遅くとも五〇年には枯渇すると予測されている。また、地球人口の急激な増加、そこに気候変動などが加わり農作物の不作が続けば、食糧危機は目前である。これについては、第二編の各章を参照していただきたい。

教育は財政、外交(国防)とならぶ国家の三大柱である。どれも緊急な対応が迫られているが、中長期的な未来を見据えた問題解決能力を蓄積しなければ、日本に生き残りの道はない。〝中長期的な問題解決能力〟、それはとりもなおさず、教育なのである。

●基礎学力は、「読み書き算盤(そろばん＝数的処理能力)」

教育の改革は、学校、社会、家庭の連携協力が不可欠だ。重視すべきは基礎学力と躾である。基礎学力というのは、「読み書き算盤」である。ここでいう読み書き算盤というのは、難しい漢字が書けたり、読めたりすることではない。また、計算が単に速いということでもない。言葉や数字、あるいは記号を使って自分の頭と体で考え抜き、自分の考えやプランを相手に伝えることができる能力。同時に相手の考えや提案の本質を捉え、共感したり反論したりできる能力。これらは互いに共有する結論・方針・施策の質を高めるために必要になる。なお、現在のテレビではすべてこの教育の本旨に逆行し、それを無にすることばかりがはびこっている。家庭でも学校でもこれまで以上に十分警戒しなければならないだろう（**図表４　テレビ亡国論参照**）。

基礎学力を回復することが何よりも求められている。そして同時に初等教育では特に「躾《しつけ》」を徹底させる。これは社会生活における基本的なマナーといってもいいかもしれない。個人は社会なしに存在しえないのである。

最近、リテラシー（literacy）という言葉がよく使われる。「読み書き能力」と訳されることが多い。この言葉にメディアが付くと、メディアリテラシー（media literacy）。メディアやコンピュータを使った「読み書き能力」という意味になる。これはパソコンを自由に使えるスキル＝技術・技能があることが前提になる。新聞やラジオ、テレビといったメディアだけではなくインターネットの重要性も日増しに高まってきたことから生まれた言葉である。

読み書き能力というのは、最終的には情報活用能力のことである。電話や手紙といった伝統的なコミュニケーション・ツールに加え、インターネットや携帯電話などの新しいメディアの登場により、それらを使いこなす必要性も高まっているのだ。政治、経済、社会、文化の未来的なプランはすべて、これらの基礎の上に構築されるものばかりなのである。「読み書き」が脆弱なら、

（メディアリテラシー）

➡ 故大宅壮一
一億総白痴（化）……低俗なテレビ番組が氾濫すればするほど
軽薄で深慮に欠けた国民が増える

電波ジャック
ゆがんだ価値観
大衆のねたみ・そねみの代弁
「面白い・かっこいい・目新しい」
だけが判断基準

芸能人・スポーツ選手重視の番組
エセ人気の社会→東国原知事出現
お手盛り報道→お仲間のなれあい番組

テレビ朝日－椿発言・**自民党を潰せ！**
フジテレビ－あるある大事典…やらせ番組（納豆ダイエット）
TBS－オウム報道を巡る不祥事…坂本一家事件／地下鉄サリン事件
長野松本サリン事件
朝ズバ…不二家不祥事の捏造報道

が重んじられない
大衆的気分）の支配
全性、懐疑しえない大衆の専制）

図表４　テレビ亡国論

テレビ局の市場原理主義
視聴率至上主義

→ テレビ番組は浅薄化
お笑い・グルメ・スポーツ番組
芸能ニュース

↓

東京キー局
経済原理がすべてに優先
生涯所得５億円
番組は下請けに丸投げ
番組制作能力・
監視機能をもたない

社交仲間
・お笑い芸人 50 人
・ニューハーフ
・オチャラカ司会者
・エセ占い師・芸能リポーター
・駅弁大学教授

↓

見応えのある番組がゼロ
バッシング報道・事件報道
センセーショナル報道中心
（事故・不祥事は必ず起こる）

バラエティ番組－学芸会番組
モーニングショー－井戸端会議
スキャンダルお手盛り報道－
芸能ニュース

結論

軽薄なテレビによって、
無知なテレビがつくられ、
テレビがまた無知をつくる
専門性軽視の風潮
素人優位の風潮

・ポピュリズムの蔓延－世論操作
・白か黒かの二分割思考
・視野狭窄症
・反知性主義――きちんとした学
・人気主義 ――「世論」（という名
・「多数派」（という名の自らの不完

報道弱体化

情報活用能力は発揮される余地がない。土台のないところに建物は建たないのである。古代ギリシャ、ローマ、中国では殷の時代から、教育の基本は「読み書き算盤」。古代の人もこれを土台にして文明を築いたのである。

●限られた料理のレシピを教え込むより、さまざまな料理に対応できる基礎教育

ケンブリッジ大学ロビン・アレクサンダー教授をリーダーとし、内外の研究者約一〇〇人がかかわり、英国の初等教育、また世界の教育はどうあるべきかをまとめた報告書がある。これによると、初等教育学校のカリキュラムは、授業の時間数の七割を全国共通とし、残りの三割を地域独自のカリキュラムとすべきだと提言している。そして市民教育と倫理教育、芸術や創造性の涵養、対話型を含む言語活動、科学、技術教育を重視する。

私が共感したのは教授の、料理のレシピに例えた教育観である。それは、高等教育が大衆化した時代の初等教育のあり方として、初等教育(小学校)は、基礎固めが重要で、限られた料理の作り方(レシピ)を教え込むより、さまざまな料理にいかようにも対応できる基礎基本を体得させ、それをもとにした各自のレパートリーを作り出すレパートリー志向の教育が求められるというものである。高等教育がまさに大衆化している日本にとっても大いに参考になるのではないだろうか。この核となるのが、「読み書き算盤」なのである。

以上のような教育の徹底は国民全体の「能力」の底上げはもちろん、リーダー育成の不可欠な基盤だろう。

●基礎学力の向上が生む技術革新のパワーと国際競争力

私が塩川財務大臣の代わりにＡＳＥＡＮ（アセアン＝東南アジア諸国連合）蔵相会議に出席したときのことだ（二〇〇二年）。大いに驚いたことがある。どのような小さな国でも蔵相や外務大臣になる人は、その国の頭脳であり、トップの優秀な人材であることだ。私は圧倒されてしまった。たとえばアメリカでは、キッシンジャー、グリーンスパン、パウエルなどの逸材が輩出される。聞けば、中学や高校時代、自分の頭でテーマを設定して、その答えを自分の頭で考え抜くトレーニングを習慣的に重ねていたという。

中学、高校で自分で考え抜く習慣を身に付け、大学には自分の翼にエンジンやプロペラを付けるために行くというのだ。このグライダーは滑空することなく、ぐんぐんと上昇し、スピードもアップし、最新鋭のジェット機に成長するのだ。そのためには、いかようにも対応できる基礎基本である基礎教育が前提になるのはいうまでもない。

初等教育では躾を徹底し、基礎学力を回復させる必要がある。すなわち「読み（読解力）、書き（文章力）、算盤（数的処理能力）」のレベルアップを図らねばならない。たとえばフィンランドでは基礎学力を世界一にまで高めることで、国際競争力を磨き、携帯電話などのトップメーカー、ノキアなどの世界的な企業を誕生させている。

まさに基礎学力が向上すれば、技術革新のパワーは飛躍的に向上し、国際競争力が増すのだ。だが、基礎学力が低下すれば、まったく逆の結果が生じるのである。

事業の再生や先端技術の開発など、このような自分の頭で考え抜く能力が求められているのである。加えて、才能にすぐれた者の能力を積極的に引き出す工夫も必要だろう。上位三～五％に対する英才教育、また、高校段階での専門的な才能教育、上位〇・〇一％の才能児のための特別な教育も考える必要があるだろう。

●リーダーにとって英語は必須

すぐれた人材、またはすぐれたリーダーに共通しているのは、高度な「読み書き算盤」能力に秀でている点だ。いわゆるリテラシー能力に長けているのである。これらの人々は、競争のルールやスキームを自分たちでつくることができるのだ。

たとえばＢＩＳ（国際決済銀行）の自己資本規制や国際会計基準の変更、コーポレート・ガバナンスの手法などもすぐさまプランニングされる。各種の法案も起草するが、まずいと判断したらすぐに廃止したり、変更する。とにかく判断や行動が迅速なのである。

日本の企業もそれに対して太刀打ちできる知恵をもたなければ世界で生き残ることはできないだろう。日本語はもちろんだが、スペシャリストになれば、英語あるいは中国語でプランを立て、説得力のある文章を書けなければならない。外国語で物事を考え、論理を組み立てられる思考回路も必要になってくるのだ。

リーダーにとって英語は必須である。英語は英語圏の人々とコミュニケーションを図るだけのものではない。ネイティブとしての英語ではない「世界共通のコミュニケーション手段としての英語」は、アジア諸国をはじめ、英語圏外の人たちと理解しあうために欠かせないものとなっているのである。

●日本人は他の国の民族と比べて、すぐれても劣ってもいない

J・F・ケネディ政権下で駐日大使として赴任したエドウィン・ライシャワーは六〇年安保後の厳しい時代と日本の新しい復興の時代をつぶさに見てきた人物である。アジアや日本の文化研究にもすぐれた業績を残している。最近話題になっている密約についても当時の大平首相に「核持込に対する日米の解釈の違い」を指摘したことでも知られている(『ライシャワーの昭和史』 ジョージ・R・パッカード著、講談社)。

その彼が、日本人の英語の必要性に対し強く言及している。日本人は多くの分野で高い技能を

発揮しているのにもかかわらず、外国語の習得が不得意である。日本語という壁の中に暮らしているから、他国民は日本人の考え方を聞くことができない。これでは到底世界の指導的立場に立つ国にはなれないというのである。日本語はもちろん大切であるが、それとは別に国際共通語としての英語の習得は不可欠であると主張している。加えて彼は、英語に関すること以外にこんな危惧も抱いていたのである。

「日本人は自国を特殊な国だと病的までに思い込んでいる」と。ライシャワーはとても客観的である。日本人は他の国の民族と比べて、すぐれても劣ってもいない。なのに日本人は、自国がユニークな国だという先入観にとらわれすぎ、そこから抜け出せなくなっているというのである。

日本語は美しい言語であることを私は否定しない。むしろ大いに愛している。だがそれとは別の次元で、国際語としての英語を習得しなければ、世界を相手に生きる道はないし国家の未来はない。文化的には「美しい日本語」とか「国家の品格」と自画自賛するのもいいが、一方でますます閉鎖的になり世界から孤立しているとすれば大いに問題がある。科学だけでなくビジネスの世界でも英語を自由に操る中国人やインド人、韓国人に敗退するだろう。それは、日本の未来を暗澹たるものにするはずである。

私は漢詩、古文はもちろん美しい日本語に心動かされる者である。愛してもいる。感銘を受けた詩や和歌、俳句、小説の書き出しを自分で編集して小冊子にまとめ、時間の合間をみては、その世界に触れている。自分が日本人であることを実感する瞬間は私にとっては至福のときだ。心洗われる時間でもある。だが、国際語の習得はこれとは別である。

先にあげたライシャワー氏の次の言葉をもう一度かみしめよう。

「日本人は他の国の民族と比べて、優れても劣ってもいない。なのに日本はユニークな国だという先入観にとらわれ、そこから抜け出せずにいる」

第二章　選挙制度の再改革

■政治を劣化させた最大の原因、小選挙区制および比例代表制の導入

かつて「小選挙区制は政権交代が可能になるいい制度である」という間違った情報が一方的に流された。そして、小選挙区制に賛成する人は政治改革論者で、これに反対するのは守旧派だというまことにおかしな構図が形成されてしまったのである。そしてまともな議論を経ないまま小選挙区制になだれ込んでしまった。結果は、すでに皆さんがご存知だろう。この国の政治を劣化させる最大の原因になってしまったのである。私はかつて、「守旧派」「抵抗勢力」と呼ばれ、さらに「反動政治家」という〝名誉ある称号〟まで頂戴したことがある。その私が言うのだから、間違いない。

私はもともと、衆議院の中選挙区制から小選挙区制への移行には反対であった。そのため守旧

派として非難を浴びたのである。定数一名を選出する選挙は過半数を巡る戦いとなり、政治家が当選するために大衆迎合主義に走る傾向が増す。そして、有権者受けのする、きれいごとだけを公約に並べるようになるからだ。

●中選挙区制では立候補すらできないような人が比例で当選する

比例区での当選は、いわば勉強しないで大学に合格するようなものである。これが一〇〇人を超える規模になれば、政治が劣化するのは当たり前である。東京大学の入試が無試験になれば東大のレベルは落ちるのだ。また小選挙区制は、例えば中選挙区制だった場合には、到底立候補すらできなかったような人がどんどん当選してしまうような選挙制度なのである。あまりおおっぴらにできないような怪しげな仕事に就いていた人も当選してしまう。小泉チルドレンといわれた人は八三人いたが、次の選挙で再選されたのはわずか一〇名足らず。小沢チルドレンも一四〇名以上生まれたが、次の選挙では一〇〇名以上が落選するだろうというのが大方の見方である。政治は確かに「数」だが、単なる数合わせでは質が低下するのは火を見るより明らかなのである。

●新陳代謝が進まず、八方美人になり、党幹部の独裁が始まる選挙制度

私がなぜ、小選挙区制に反対なのか。このことについて述べる前に、選挙制度について簡単に触れておこう。一九九四年に公職選挙法が改正され、それまでは中選挙区だった衆議院選挙で三〇〇の小選挙区が導入された。小選挙区とは選挙において一人の当選者を出す選挙区のこと。それまでは原則として三〜五名の議員を選出する中選挙区が導入されていた。並立された比例代表制は、政党が獲得した票数をもとに議席の配分が決まる仕組みである。衆議院選の比例代表制は、全国を一一のブロックに分け、それぞれのブロックにおいて比例代表選出を行う。政党があらかじめ指名した候補者名簿の順位にしたがって獲得議席数の分だけ当選者が確定する仕組みになっている。先ほど大学に無試験で合格するようなものと言ったのはこのことを指している。

さて、私が小選挙区比例代表並立制に反対する理由を以下に箇条書きにしてみる。

1. 新陳代謝が進まない。本人が引退するか死亡するまで変わらない。そのため、優秀な人材が永田町に集まらなくなる
2. 五〇%以上の票を獲得しないと当選しないため、八方美人のようになり、政策があいまいになる
3. 公認と比例順位、公的助成金で当落が決まるため、党幹部独裁が始まり、国民の代表である政治家が党幹部の奴隷と化してしまう傾向が強まる

次にその理由をもっと詳しく述べてみよう。

●小選挙区制の弊害―党執行部への権力集中とマスコミ迎合

1について言えば、人材の新陳代謝が進まないために「世襲」、つまり二世、三世議員がはびこることになる。中選挙区時代のように、党の公認が得られなくとも無所属で当選し、そののちに追加公認される道も事実上閉ざされることになる。現職が引退するか亡くなるまで新人の立候補が困難になるのだ。一人が続けている間は同じ党からは出せない。これが新陳代謝が進まない第一の理由だ。仮に議員が引退することになると、それまでの選挙地盤を守りたいためにどうしても世襲に傾くことになる。世襲によって新陳代謝が阻害されるのである。中選挙区時代より、世襲任せの候補者選びが活発になったのはこのためである。有為な人材が政界に進出できなくなり、優秀な人材が永田町に集まらなくなった原因である。

かくいう私も四世議員である。衆議院議員だった父が急逝したのが一九歳のとき。一二年の勉強期間を経て一九八三年に初出馬。だが地元の有力者の協力を得られず次点に泣いた。その後有権者との一〇〇〇回以上にも及ぶ座談会で膝を交えて主張を繰り返しアピールし、三年後に当選することができた。磐石の地盤を譲り受け、甘やかされたそこらの世襲議員とは異なる、と自負している。

●五〇％を獲得するためにポピュリズムに走る傾向が強まる

2と3は相互にリンクしている。小選挙区制とは一人の議員を選ぶ選挙である。二人候補者が出れば当選するためには五〇％以上の得票率を獲得しなければならない。それの意味するところは八方美人にならざるをえず、結果として政策があいまいになることだ。多くの支持を得なければならないために大衆迎合、ポピュリズムに走る傾向が強くなるのである。とりわけ、組織的な票を数多くもっている業界団体、宗教団体などと表立って対立することはできない。彼らの意に沿うように主張を変えなければならないのだ。シビアな政策論争が不可能になってしまうのである。八方美人に振る舞うのは有権者に対してだけではない。もっとも影響力があるのがマスコミである。悪口を言われないように、ご機嫌を取り、ともすればマスコミにおもねるようになる。五〇％の支持を得るためにはマスコミと喧嘩はできないのである。

中選挙区制の場合は、二〇〜三〇％獲得すれば当選できる。大衆に迎合することなく、同じような考えをもってくれそうな有権者に方向を定め、集中的に政策を訴えることも可能なのだ。政治に不可欠な政策論争を展開することができるのである。確実な支持者をある程度確保し、当選を果たせば、政界に進出し政策実現を目指すこともできたのである。

●団体票の力がとてつもなく大きなものになる

選挙の数字は、いわゆる一般的な数字とは異なり、大きなダイナミズムを秘めている。数字が倍、倍と増えることがよくあるのだ。例えば、一人の候補がその選挙区で七%のシェアをもっているとする。それに七%の票をもっている団体の票を取り込むことができるとしよう。両方をプラスすると一四%。ところが、投票率が五〇%の場合、その数字は二八%の価値をもってしまうのだ。かつて鉄人28号という漫画が人気を呼んだが、七%が二八%の力を得て、まるで鉄人28号のような強力な力を発揮してしまうのだ。二八%のアドバンテージを得ると選挙の勝敗は決まってしまう。業界団体、労働組合、宗教団体のもつ力はとてつもなく大きくなってしまうのである。これが小選挙区制の怖いところなのだ。

●自分の選挙やポストのことしか考えない候補者が増える

一方、比例代表制では公認と比例区の順位、公的助成金の有無で当落が決まる。このことは、党執行部の意思に逆らえないということを意味している。党幹部の意思に反する行動をとることは政治生命に直結する。選挙区の切実な訴えも、それが党幹部の意向に反するものであれば、反映させることができない。また、議員の目線が党幹部の意向に添うことに汲々とし、地方の意見に(たとえ聞いたふりをしていても)耳を貸さなくなってしまう傾向も生まれるのだ。地方がますます弱体化する大きな理由である。

小選挙区では、党が候補者を一人に絞るため、公認権を独占する。比例代表の名簿順位も党幹部のサジ加減で決まる。さらに政治資金規正改革の結果、政党助成金も党がまとめて受け取ることになり、資金の出し入れの権限をもつのは党幹事長と官邸を仕切る官房長官に限られる。こうして公認、カネ、人事を一手に握る党幹部の独裁体制が完成するのである。当選した人は自らの政策に特化した政治活動をするのではなく、次の選挙のこと、公認のこと、与えられるポストのことにしか考えが及ばなくなるのである。

経済学にグレシャムの法則というのがある。「悪貨が良貨を駆逐する」。これと同じ現象が政界でも起きている。奇妙な経歴のもち主や政治に対して無知な、「政《まつりごと》」の何たるかを知らない大量の新人が輩出されるのである。彼らに国家観・大局観などあるはずもない。

ここ数年、日本の政治が大きく狂い始めている。政界に人材が集まらなくなり、世襲化と党幹部の従属型議員ばかりになっている。それだけではない。そんな彼らが時の総理を選ぶのである。こうして、お粗末な国会議員によってお粗末な総理大臣が誕生する。その内閣は茶坊主内閣でしかないのは当然なのである。

■選挙制度の改革――村上試案

かつては存在感のある政治家が日本を強力にリードした。戦後でいえば池田勇人氏、田中角栄氏、佐藤栄作氏。ともに日本の成長に深くかかわり、政治の力を感じさせる雰囲気を備えていた。だが、戦後の政治家らしさを残していた最後の政治家であった中曽根、宮澤両氏が小泉内閣によって議員引退勧告を受けるに及んで、政治家のスケールは小さくなったという人もいる。「戦後の日本をどうやって復興させるか」という大切なテーマから、政治の表面的枠組みをなぞり、パフォーマンスで国民から人気を取るだけに汲々とし、「どう振る舞ったら票をもらえるか」「どうやっていまを凌ぐか」「どうやって議員生命を守るか」「どうやったら目立って人気を得られるか」という目先のテーマに変わってしまったのだ。政治家から、長期的なレンジで日本の未来を見据える知恵も余裕も失われてしまったのである。

この原因をつくったのが、小選挙区比例代表並立制であり、それに伴う後述する派閥の衰退なのである。

ここまで私は小選挙区制に対する批判を述べてきた。ではどうしたらいいのか。私の案をみなさんにご提案する。それは連座制の強化と定数の是正である。

提案したいのは、「全国一五〇の中選挙区、定数三　一票二名連記」である。全国を一五〇の中選挙区に分割し、定員三名にすると四五〇名になる。現在は四八〇名だから三〇名の定数削減になる。そして、投票する人は一票につき二名連記するのである。こうすることで、「この人を選びたい。しかし、(別の)この人の政策も魅力がある」という意思を掬うことができるのではないだろうか。政権交代は小選挙区制からしか生まれないというのは間違いである。細川内閣は中選挙区のもとで発足したのである。

●小選挙区制による政権交代、二大政党制の幻想

二大政党制が新しい政治を生み出し、小選挙区と政権交代が、クリーンな政治をもたらすというのは幻想である。一九八〇年代までの日本は「普通の国家を目指す」ということで、集団的自衛権の問題やPKO(国連平和維持活動)、PKF(国連平和維持軍)などに関心が高まっていた。世界に積極的に貢献することにより、アジアのリーダーになろうとしていたのである。ところが一九八五年のプラザ合意以降、バブルが生まれ、それが崩壊することで、世界に向けた国家の発想がほとんど失われ、内向きとなる。年金問題や不良債権、金融不安など政治のテーマが矮小化してしまうのである。

政治家から、国家、世界を論じるだけの社会的素養が失われ、国民目線と世論に迎合すること

ばかりが政治家のスタイルになってしまったのだ。自らの保身のために口をつぐみ、何の精神的な呵責もなく、指導者としての国家観を欠いたまま、矮小化された各論だけを論じる政治家が増殖を始めるのである。そのきっかけとなったのが小選挙区制への政治改革である。改革という名の破壊と後退である。政治が内向きになる発端ともいえる。

当時、小選挙区のプランを練ったのが小沢一郎氏と後藤田正晴氏である。マスコミは二大政党制と政権交代で、政治がよい方向に進むとアピールした。当時はそれにおもねっていたにもかかわらず、現在は小選挙区制に批判的になった政治学者も少なくない。ともあれ、二大政党と政権交代で政治がよくなるというのは幻想であるし、あくまでもそれを主導した側の表向きの論理である。彼らは公認と比例(の順位)とカネを党幹部が握ることをしっかりと予見していたはずなのである。政治家は、選挙と人事を党の幹部に握られることで隷属化する。隷属化した途端、例えば、一国の宰相を選ぶ総裁選で勝ち馬に乗り選挙に勝ち、ポストが与えられればいいという目先のニンジン(エサ)に取り憑かれるのだ。きちんとしたキャリアをもった人物か、本当に総理としてふさわしい資質を備えた人物か否かを真剣に考えるのではない。誰が勝つのか。その勝ち馬に乗ることだけに知恵を絞る議員が増えるのだ。

小選挙区比例代表並立制によって、政治家は劣化し、その劣化した政治家が選ぶ総理も劣化する。この制度は、政治そのものを劣化させるのだ。立て続けに一年ももたない首相が生まれては消えた大きな原因がここにある。

私は愕然とした記憶がある。小選挙区が導入されてから政治家の層が激変したのである。議員の顔つきがまず変わった。以前は国会議員は国会議員なりの風格を備えていた。だがいつの間にか、その面構えが貧相になってしまったのである。中選挙区では、地盤、看板、カバン、すなわち地盤は有権者に対する統率力、看板はキャリア、カバンは資金力。これらを備えた人物でなければ立候補できなかった。現在は、かつての中選挙区では立候補すらできなかったような人物が当選を果たしてしまうのである。

支援団体、支持母体のあり方も大きく変化した。選挙のたびに支持政党を変えてしまうのである。つまり勝ち馬に乗ろうとするのだ。これでは、本来の意味での二大政党、小選挙区制が成り立たないのである。

●二者択一を迫る小選挙区制とマスコミへの迎合

アメリカの大統領選挙を見るまでもなく、選挙はメディアにどのように露出するかが鍵になっている。テレビカメラを意識したパフォーマンスが政治を大きく左右しているのは事実だ。

小選挙区制ではマスコミの力が大きくなる。テレビなどの世論操作で、有権者はまるでお盆の上のビー玉のように、傾いた方向に一斉に勢いよく流れるのである。小選挙区制の特性とマスコミを巧みに利用したのが小泉元首相である。

彼は非常にうまくテレビを利用した。高倉健や菅原文太はすぐれた役者で迫真の演技をする。だが、高倉、菅原両氏は、あくまでも俳優である。日常に戻れば一人の個人でしかない。しかし、小泉氏は違った。生まれつきの地でいって三代目を襲名した政治家として、役者以上の迫真の演技で迫ったのである。国民は見事に乗せられてしまう。

彼の原動力はテレビ、映像の効果である。小泉政権の五年間には北朝鮮への訪問を劇的に演出したり、ブッシュ大統領とキャッチボールをしたり、プレスリーのモノマネをしたりするなど、本職の芸人以上に芸人になり切った。演出家やブレーンが演技指導を行ったのではなく、自らの才能で演じたのだ。マスコミはその演技を、リーダーシップとしてもち上げる。中立・公正・不偏不党であるべきマスコミは、そのパフォーマンスを歓迎したのである。

郵政解散(二〇〇五年九月)の際の言動もマスコミを意識して巧妙に仕組まれていたものだった。彼は導入された小選挙区比例代表並立制と、その選挙制度の特性を知り尽くし、党内掌握を果たすためにマスコミを徹底的に利用する。彼は「国民の声を聞いてみたい」と叫んで国民の自尊心をくすぐる。自分こそが正義であると吹聴する。そして、大事な財政・教育・外交の問題を先送りしてしまったのである。道路と郵政のみが大事であると。また、ここが重要なポイントなのだが、世論を誘導するために、二分割思考で迫るのだ。黒か白か。つまり郵政民営化にイエスかノーかを突きつけるのである。

反対派を一刀両断に抵抗勢力、守旧派といって切り捨てる。第三の意見を考慮しない二分割思考は、姿を代えた独裁である。そして、世論という名の大衆的気分をイエスかノーかで煽《あお》るのだ。これはギャンブル、丁半博打である。彼は選挙を鉄火場にしたのである。

有権者は第三の意見を忘れ、二者択一を迫られる。思考停止に陥っていることを自覚していた有権者はどれほどいただろうか。これが小泉劇場のメカニズムである。興奮と熱狂を求めた選挙とは裏腹に、改革はお粗末なものに終始する。結局、改革はウオノメ程度の素人治療で終わってしまうのである。しかもそのウオノメは、治療の前より悪化し、さらにこじれ、化膿するのである。

自民党の政治は、本来、困っている人に同情して気配りをする「惻隠の情」の政治である。それを小泉氏の郵政選挙はぶち壊した。白か黒か。郵政民営化に賛成か反対か。イエスかノーか。それをマスコミは大いに煽った。これが二〇〇七年七月の参院選挙における自民党大惨敗の原因である。自民党の支持基盤が破壊されてしまったからだ。参院任期は六年。自民党の長期凋落の始まりだったのである。

なお、現在も「ねじれ現象」により政治停滞の一因となっている参議院についても、選挙制度を抜本的に考え直す必要があると思われる。まだ具体的に述べるまでに至っていないが、地方自治とリンクさせるなど、十分に考えねばならないだろう。

●「シングルイシュー」と「ワンフレーズ」が政治の貧困を招く

最近は「シングルイシュー」なる言葉が流行っている。シングルは一つの、イシューは論点・争点。つまり、一つの論点や争点だけを浮き彫りにして争うことである。私は、政治家の「シングルイシュー」に強く反対する。これはだめだと強く思っている。政策には必ず両面がある。また一つの政策に付随して、関連する事項は数多く存在する。これを丁寧に根気よく、時間をかけ、熱意をもって訴えるのが政治家である。

シングルイシューは、国家観を欠いた政治家が矮小化した問題を訴える際によく使われる手法である。世界を論ずるだけの資質と教養のない政治家が、国民目線などという言葉とともに、世論に迎合し、結果的に国民をバカにしつくす手法なのである。国民はバカで、一つのことしか考えられないなどという認識をもっているとしたら、いつしかしっぺ返しを喰らうに違いない。

「シングルイシュー」は、小泉元首相の郵政選挙が生んだ負の遺産である。私は「シングルイシュー」も「ワンフレーズ」も使わない。二つ以上のことを考える国民は数多く存在すると信じている。二つに一つを迫るのは説得でも議論でもない。脅迫か強要のいずれかである。さまざまな議論が展開されるべきである。「シングルイシュー」と「ワンフレーズ」は政治家の劣化と、政治的貧困そのものを招くのである。

■日本の政治家はなぜだめになったのか——派閥の消滅

派閥はかつて諸悪の根源のように言われていた。だが、そうではない。戦後政治の中で有為な人材を育ててきたのが自民党派閥である。五五年体制下の派閥は、きわめて理にかなった政治家育成システムであった。この側面を忘れてはならない。民主党に綱領はない。つまり、背骨がない。グループなどという訳のわからないお友達集団が、場当たり的な対応で迷走、右往左往しているのは当然なのだ。彼らは、政治家を育てる制度や環境をもっていない。反自民を掲げれば選挙に勝てると踏んだ烏合の衆にすぎないのである。

自民党には、政治家が成長していく過程で適宜のポストを与え、一人前に育てる成長ステップが確立していた。政務次官→党部会長→衆院常任委員長→閣僚→重要閣僚→首相というキャリア・パスがそれである。この過程で、政治家になるためのイロハを教わるのだ。派閥のトップはカネ(政治資金)、ポスト、フダ(票)を握っている。かつての中選挙区の場合、同一選挙区に複数の自民党議員を立候補させ、長い目で見ながら政治家を教育する余裕があった。

落選した議員は無職になり、言うなればただの人になる。だが、派閥はその面倒をみるのだ。

すぐれた政治家を生み、育てるにはカネとリスクが伴う。政治は安上がりにはいかない。このようなバックボーンが存在することで期待を担う議員は「次の選挙」を気にすることなく、長期的な政治目標を立てることができた。それはとりもなおさず、派閥＝政党集団である党の骨格をも太くしたのである。

目先のパフォーマンスなど、まさに邪道であった。有権者の心の内部に深く静かに入り込む説得力のある言葉、同時に振る舞いにも、他派閥や他党の議員との立場の違いを超え、歴史に敬意を払い、先輩を敬う謙虚さを備えていたのだ。政治家としての学習能力も磨かれるのである。

この政治家育成システム＝派閥を破壊したのは、ほかでもない。「自民党をぶっ壊す」と絶叫を伴うワンフレーズでぶち上げた、小泉純一郎元首相なのである。その裏で、自分の息子をちゃっかりと当選させることを忘れないのである。

●自民党派閥を破壊した小泉純一郎

小泉氏の言う「自民党をぶっ壊す」とはいかなるものであったのか。ここで私なりに総括してみよう。彼が狙ったのは、自民党全体を小泉党にすることにあった。そのためには、所属していた森派を除く、田中派、大平派、中曽根派を弱体化させる必要があった。そこで、郵政民営化と道路公団民営化によって、田中―竹下―橋本―小渕の利権を退治することで、ライバル派閥を衰退させてしまうのである。極端に言うと、郵政族と道路族をやっつけるという意識をむき出しにすることで、田中派、大平派を消滅させようとしたのである。他方、田中―大平連合による日中国交回復派に対し、靖国神社参拝の強行により、日中関係を破壊する。同時に田中―大平連合の消滅を図ったのだ。そして、「自民党をぶっ壊す」「郵政民営化にイエスかノーか」という無茶な解散になだれ込む。当時私は最後の閣議で、辞表を懐に忍ばせ、島村宜伸農林水産大臣（当時）とともに何とか解散を思いとどまらせようとした。だが受理されることはなかった。もっとも、受理されていたら罷免されていただろう。小泉氏には、田中派、大平派をぶっ潰すという強い意志が、ギラギラとその眼光にほとばしっていた。いわゆる確信犯の目である。もはやわれわれの力の及ばない地点まで、彼の意識は登り詰めていたのである。この解散が、のちの安倍政権での参院選（二〇〇七年）、麻生政権での衆院選（二〇〇九年）の自民党大敗北につながったのは言うまでもない。

いわゆる小泉劇場を、派閥の消滅と自民党の破壊の側面から見ると、彼の目的と手法がよく理解できるだろう。

小泉劇場の舞台は、五つあった。一．北朝鮮拉致問題、二．道路公団民営化、三．郵政民営化、四．政府系金融機関の改革、五．中曽根康弘比例区一位の剥奪である。政権強行のための仕掛けは、仮想敵をつくり、それらを抵抗勢力、守旧派に仕立て、彼が好む西部劇の『真昼の決闘』

を現実に演出するのである。人事権の独裁も小泉手法の特徴である。それは刺客として放った落下傘候補の選択に端的に表れている。一方で、母校・慶応大学のＯＢを重用し、また、名門好きなのか元総理の息子、娘、孫などを重用する。女性枠も広げ、年配の婦人を採用、タレント性のある人材には特に媚を売る。ここには全体の利益につながる人材の育成という視点はまったくない。単なる自分好みの人選に終始するのである。

結果どうなったのか。肝心の財政・外交はより悪化した。アジア外交は破綻し、国の借金は膨らむ一方である。

派閥に対する攻撃は、彼が議員を引退してからも終らない。いったん動き始めた貨車は急には止まれない。小泉氏引退後の自民党総裁選の舞台に乗せたのは麻生太郎、谷垣禎一、福田康夫、安倍晋三の各氏。うち谷垣氏も麻生氏も小派閥である。最初から安倍氏になるように道筋をつけていたのである。これはおそらく先代への恩返しだろう。いってみれば自分勝手な大政奉還である。森派(現町村派)の源流は岸信介(安倍晋三氏の祖父)氏と福田赳夫(福田康夫氏の実父)氏である。

自由闊達な議論の消滅とともに、自民党派閥は壊滅状態へと向かう。それはとりもなおさず自民党の崩壊をも加速させたのである。

第三章　財政再建

■日本財政の崩壊

日本の財政は破綻寸前。借金ももう限界に達している。ところが、こんなときに3・11大震災が襲ったのである。日本の国民は過去さまざまなピンチを乗り越えてきた。敗戦の苦しみにも貧窮にも耐えてきた。日本人は日本人の頑張れる力を信じているのだ。だが、世界最大の原発事故が重なったのである。この収束が長引いたらどうなるのだろうか。一五兆円とも二五兆円とも言われている復興にかかるお金が、さらに膨れ上がる可能性が大きいのである。

私たちはこの危機を何としても克服しなければならない。このような国家的危機だからこそ、冷静に日本の財政について知る必要があるのだ。ここを避けて通ることはできないのである。

一般会計総額は過去最高の九二・四兆円。だが税収は四〇・一兆円。新規の国債は四四・三兆円。歳入に対する国債依存度は四七・九％である。借金が税収より多い異常事態が二年続いている。借金を借金で返す末恐ろしい予算なのである（二〇一一年度）。第三次補正では、これに震災復興九・二兆円を含む総額一二兆円がプラス。一一年度予算の総額は一〇六・四兆円で過去最大である。積もり積もった国の借金は九四三兆円（二〇一一年六月末）で国民一人当たり七三八万円の借金を抱えていることになる。国債発行残高は一九九〇年代から急増しており、二〇一一年の国と地方の長期債務残高は八九一兆円に膨れ上がっている。諸外国に比べて群を抜いた借金体質なのである。

政府債務がＧＤＰ比で一〇〇％にもならない国が数多く破綻している。日本の国家破綻は決して非現実的なものではないのである。

国の借金は、一一年度末には一〇〇〇兆円を超えると試算されている。これは先進国の中で最悪である。大雑把な数字でいうと、日本は、国内総生産（ＧＤＰ）比で約二二〇％。これは群を抜いている。ワースト2のギリシャは一四二％。続いて、イタリア一一九％、アメリカ九一％、ポルトガル八三％、ドイツ八三％である（ＩＭＦの資料などから）。

国民の個人金融資産は一般に一四〇〇兆円あるというエコノミストもいるが、実は家庭の住宅ローンなどの負債を差し引けばネットで一〇六〇兆円ほどしかないと言われている。デフォルト（国債の債務不履行）は、現実味を帯びているのだ。これが何をもたらすか。一九九〇年代のタイや韓国、ロシア。二〇〇〇年のアルゼンチンのように国債の価値が三〇%以下になりかねない。また他国のように、新紙幣発行によるインフレーションで八〇%ほどの価値になる危険性も十分にある。その上、金利も含め借金が雪だるま式に増えていくのだ。しかし、日本の場合は外貨準備は潤沢で、対外債務不履行が起こる可能性は少ないといわれている。だが、国内市場で国債が消化しきれないクラッシュが起こる危険性は十分にあるのだ(図表5　歴代内閣と財政の歩み、図表6　ワニの口〜財政不均衡参照)。

●日本は家の中で貸し借りを続けている状態

日本の場合、国債の九割以上は国内の金融機関などが保有している。ゆうちょ銀行や一般の金融機関、保険会社、年金基金などがそれだが、これらは国民の預貯金や保険料などで、〝(間接的に)国民のお金〟で買われている。つまり、家の中で貸し借りを続けている状態なのである。

誤解を恐れずにたとえ話で説明すると以下のようになる。

これまで家の中で貸し借りをして何とかしのいできた。仮におじいちゃんの一四〇〇万円の預金があるとしよう。だが他方でここ二〇年の間に、家族が浪費して、もうおじいちゃんから一〇〇〇万円も借りてその借金も残っている。利子は何とか払っていたが元金は返済できていない。だから、あと実質借りられるのは四〇〇万円しかない。ところがおじいちゃんもだんだん歳を取ってきた。病院にもかかりがちになっている。残り四〇〇万円のうちかなりの部分は、これからは病院代(医療費)や介護に当てざるをえない。お父さんもお母さんも一生懸命に働いているけれど、二人の収入だけでは無理。健康保険や年金の積み立てだけでも、べらぼうにお金がかかる。子どもの養育費・教育費も必要だ。やっぱりどうしても借金が必要。さあ、どうしよう……という状態が現在の日本なのである。

幸いなことに日本の場合、右の家族のように、国の借金である国債の九割以上は、国内の金融機関が保有している(外国保有比率は約六%)。これが先ほどの家族とは異なり、よその家(国)から借りたとしたら、大変である。返済できないなら「家(国)をよこせ」ということにもなりかねない。

●日本の国債は日本人がもっているから安心か

長期金利の上昇が懸念されている。先ほどの家族の例で説明しよう。家族の中だけでの貸し借りの場合はまだいいが、よそから借りることになるとどうだろう。家計に不安がある場合、約束どおりきちんと返済できるのかあやしくなる。そうなると貸し手は、通常の金利では割に合わないと考え始める。高い金利を設定しなければ貸し出しに応じなくなるのだ。信用不安(=リスクの増大)と金利の上昇はともにリンクしている。こうなると借り手は金利が高くなるので、利払い

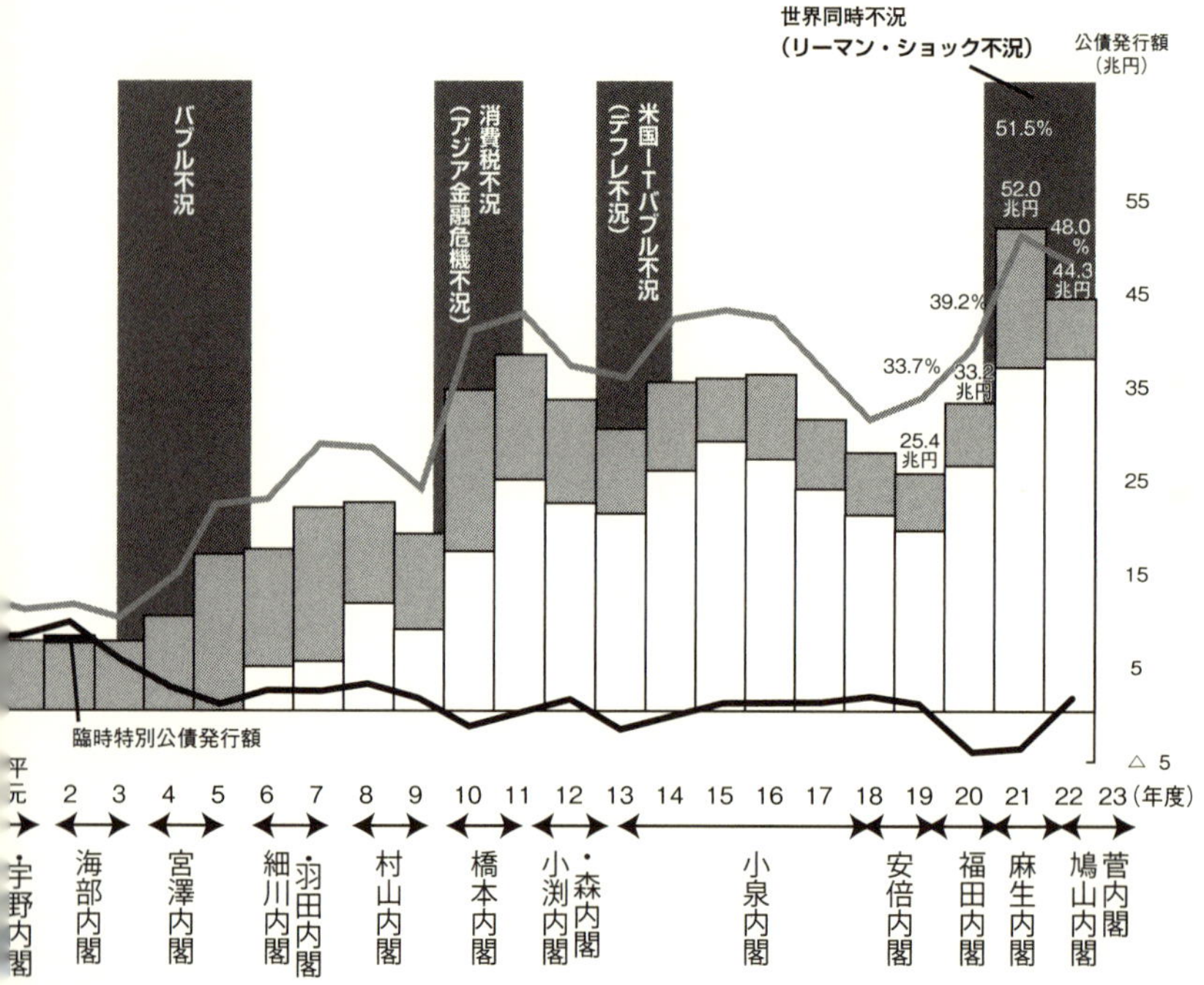

昭和天皇崩御　消費税3%導入　ベルリンの壁崩壊

バブル崩壊「失われた10年」

湾岸戦争　大手証券会社損失補填問題　普賢岳火砕流

佐川急便不正融資事件　PKO協力法成立

皇太子ご成婚　北海道南西沖地震

大江健三郎ノーベル文学賞受賞

阪神・淡路大震災　地下鉄サリン事件

住専処理法　在ペルー日本大使公邸占拠事件

消費税改定（5%）　北海道拓殖銀行破綻　山一證券廃業

長野オリンピック　旧国鉄債務処理法成立　金融再生関連法成立

情報公開法、周辺事態法の成立　国旗国歌法　東海村JCO臨界事故

九州・沖縄サミット開催

アメリカ同時多発テロ　皇太子夫妻の長女・敬宮愛子内親王誕生

ワールドカップ日韓大会　日朝首脳会談（1回目）

イラク戦争　個人情報保護法　自衛隊イラク派遣

年金未納問題　新潟県中越地震

愛知万博　JR福知山線脱線事故　郵政解散総選挙自民党大勝

ライブドアショック　メール問題　秋篠宮家の長男・悠仁親王が誕生

参議院選挙民主党大勝　新潟県中越沖地震発生

イージス艦衝突事故　秋葉原通り魔事件　北海道・洞爺湖サミット

新型インフルエンザ　裁判員制度　衆院総選挙民主党大勝

社民党連立離脱　民主党参議院選挙大敗　自民党参議院第一党

東日本大震災、野田内閣発足、欧州政府債務危機

図表５　歴代内閣と財政の歩み

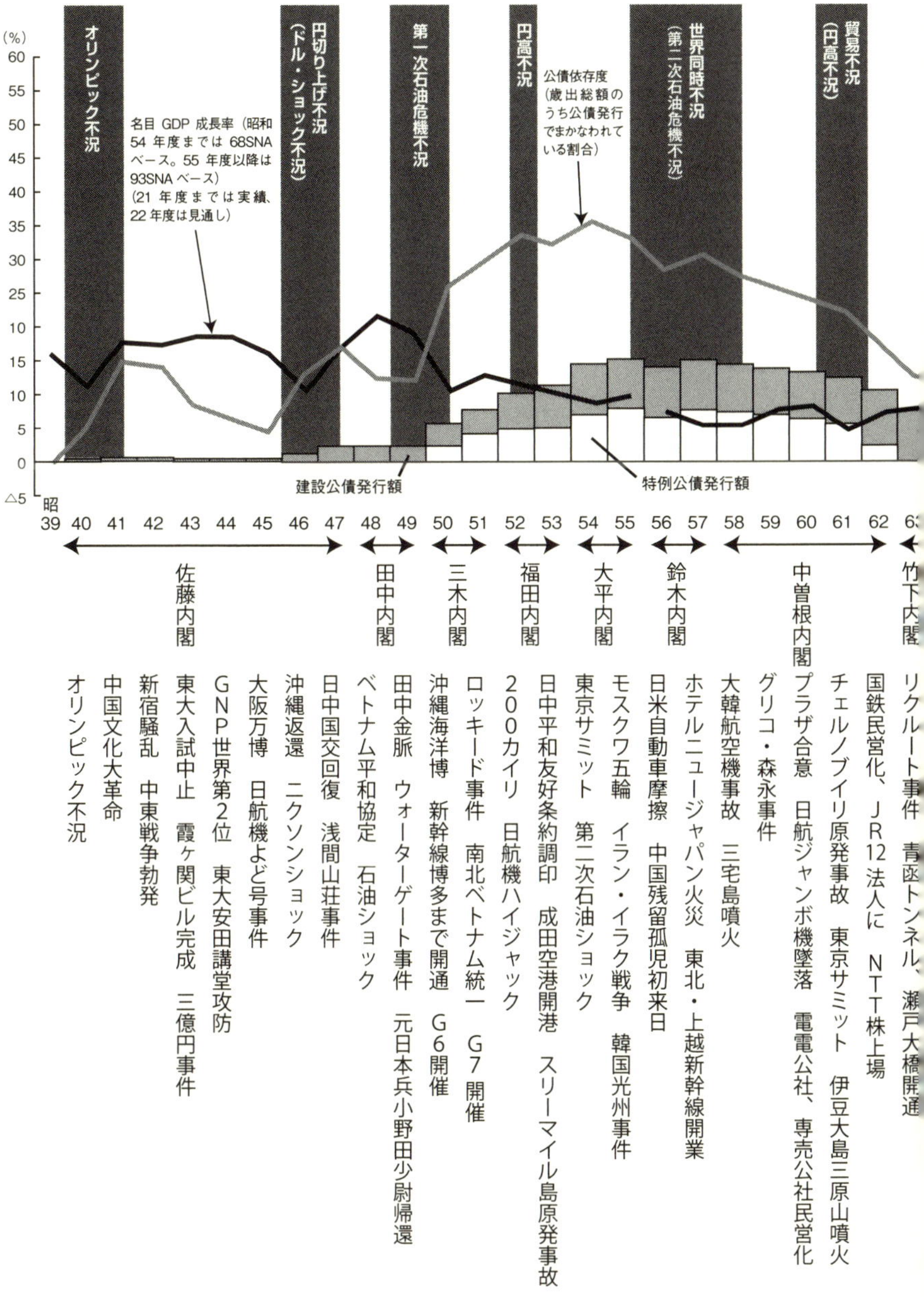
(%)
60
55
50
45
40
35
30
25
10
15
10
5
0
△5
オリンピック不況
円切り上げ不況（ドル・ショック不況）
第一次石油危機不況
円高不況
世界同時不況（第二次石油危機不況）
貿易不況（円高不況）
名目 GDP 成長率（昭和54 年度までは 68SNA ベース。55 年度以降は 93SNA ベース）（21 年度までは実績、22 年度は見通し）
公債依存度（歳出総額のうち公債発行でまかなわれている割合）
建設公債発行額
特例公債発行額
昭
39
40
41
42
43
44
45
46
47
48
49
50
51
52
53
54
55
56
57
58
59
60
61
62
63
佐藤内閣
田中内閣
三木内閣
福田内閣
大平内閣
鈴木内閣
中曽根内閣
竹下内閣
オリンピック不況
中国文化大革命
新宿騒乱　中東戦争勃発
東大入試中止　霞ヶ関ビル完成　三億円事件
GNP世界第2位　東大安田講堂攻防
大阪万博　日航機よど号事件
沖縄返還　ニクソンショック
日中国交回復　浅間山荘事件
ベトナム平和協定　石油ショック
田中金脈　ウォーターゲート事件　元日本兵小野田少尉帰還
沖縄海洋博　新幹線博多まで開通　G6開催
ロッキード事件　南北ベトナム統一　G7開催
200カイリ　日航機ハイジャック
日中平和友好条約調印　成田空港開港　スリーマイル島原発事故
東京サミット　第二次石油ショック
モスクワ五輪　イラン・イラク戦争　韓国光州事件
日米自動車摩擦　中国残留孤児初来日
ホテルニュージャパン火災　東北・上越新幹線開業
大韓航空機事故　三宅島噴火
グリコ・森永事件
プラザ合意　日航ジャンボ機墜落　電電公社、専売公社民営化
チェルノブイリ原発事故　東京サミット　伊豆大島三原山噴火
国鉄民営化、JR12法人に　NTT株上場
リクルート事件　青函トンネル、瀬戸大橋開通

図表６　ワニの口～財政不均衡

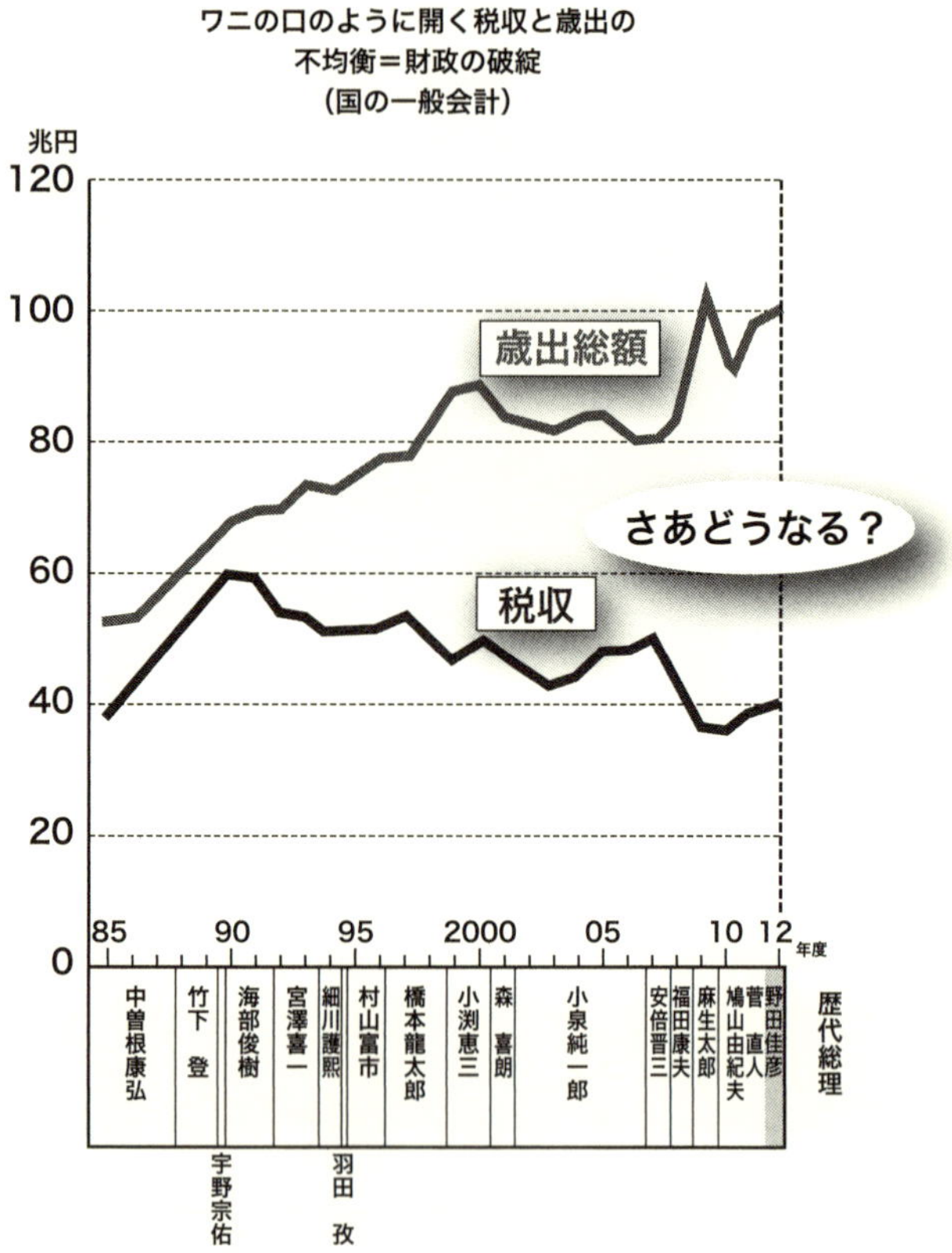

2008年までは決算、09年は景気対策を含む第二次補正後、10年度は当初予算。11年度は、震災復興9.2兆円を含む総額12兆円の第3次補正後。これにより11年度予算の総額は、109兆3987億円に上り過去最大になる。税収が約40兆円と見積もると、税収の倍から3倍に近づく歳出。ワニの口が開けば開くほど、日本が飲み込まれる。

にかかるお金が膨張する。家計はますます苦しくなるのである。

国債の場合は、金利が上がるということは、国債の価値が下落することを意味する。特に財政が厳しい状況に置かれていることがわかれば、政府の信用は弱まり、利払いを多くしなければならない。長期金利も上昇し、利払いの膨張で国家財政はますます悪化し、経済も弱体化する悪循環に陥るのである。ギリシャに端を発した欧州債務危機は、対岸の火事ではない。

日本の国債は日本人がもっているから安心かといえば、決してそうではない。国債の価値が急速に下落すれば、それを保有している金融機関に莫大な損失が生まれるだろう。そのような金融機関は破綻の危機に追い込まれるかもしれない。このような金融機関を信頼して国民は預金を預け続けるだろうか。恐らく無理だろう。預金を引き出すために窓口に殺到するのではないだろうか。パニックにならないよう冷静でいられる国民はどのくらいいるのか。これを予想することはできないのである。

●借金頼みの国家経営はあと一〇年もたない──田中角栄の福祉元年の影響

一九六五(昭和四〇)年、戦後初の国債(赤字国債)が発行された。佐藤首相、福田蔵相のもと、その後首相に就任する田中角栄氏の派閥を超えた協力があったと言われている。当時は、東京オリンピック後の不況。税収が二〇〇〇億円不足し、その穴埋めの緊急手段として赤字国債が発行されたのである。それまで日本は、一切借金をせずにやってきたが、これを境に借金依存へと陥るのだ。加速したのが、列島改造を掲げ公共事業による経済成長を目指した田中内閣。実は列島改造と同時に、その後の日本に大きな影響を与える改革を行ったのである。それが福祉元年と呼ばれる社会保障の大幅な拡充である。老人医療費の無料化、物価上昇に合わせた年金の増額。社会保障の予算を一気に三割近く増やしたのである。高度成長期はいわばバブルでもあった。急増する税収は、これくらいの歳出増でもすぐに飲み込んでしまう。だが、この制度は、毎年一〇％ずつ歳出が増えるものだったのである。その後、何度か借金を減らすチャンスはあったのだが、そのつど景気回復などの財源として投入されたのである。

いつまで借金頼みができるのかを予測するのは難しい。だが、国際通貨基金（ＩＭＦ）の試算によると、一般家庭の預貯金や株式などの個人金融資産を仮に一四〇〇兆円とした場合、二〇一九年に公的債務残高が個人金融資産を上回ることになる。つまり家計が借金を受け入れられなくなるのである。あと一〇年もない。先に述べたように住宅ローンなどの負債を差し引いた額で一〇〇〇兆円程度とすると、もっと短くなるのだ。また、高齢化などによって、介護・医療費などで家計(国の財政)が苦しくなり、貯蓄を取り崩し、個人資産が目減りする可能性も大きい。そして今回の大震災と原発の事故である。こうなると、国内(家の中)での貸し借りが限界に達してしまうのだ。家計が借金を受け入れられなくなる時期の到来は、もっと早くなるだろう。

どのような状態を「財政破綻」というかは、さまざまな見方があるが、公的債務残高（国債）のGDP比が大きく高まり、債務返済の可能性が低下した状態だとすれば、日本のそれは目前である。

政府債務残高のGDP比は二二〇%に達している。国債収入と国債元利払費を除いた歳入から歳出を差し引いた額（借金と借金の元利払いを別にした、収入から支出を引いた額）をプライマリーバランスと言うが、長期にわたり大きなマイナスを計上している。二〇一一年度は二一・七兆円の赤字で、二〇一〇年度の二四・一兆円の赤字からわずかに赤字幅は縮小している。だが、長期的なマイナスが解消されているわけではないのだ。

財政破綻への危険信号は、ある研究によると、政府債務残高のGDP比が六五〜九〇%と言われている。二〇〇九年一〇月ギリシャが財政危機に陥った。ギリシャの政府債務残高は二〇一一年で一四二%である。日本のほうがはるかに大きいが、ギリシャの場合、国債の七割を海外投資家が保有しているからより深刻なのである。だからといってデフォルトは他国のことだと、日本はのんびりしていられる立場ではない。

不安材料はこれだけではない。ギリシャが財政危機に陥り、共通通貨ユーロをもつEU諸国に不安を与えている。

「日本の国家破綻」は決して、リアリティのないものではない。このような国家存亡に対する危機感、現実認識が現在の政府にあるとは到底思えないのである。

また、国民の期待に応えるデフレ対策、景気対策の手を打てないのは、閣内にしっかりとしたエコノミストがいないからである。きちんとした経済戦略が描けないために、所得再配分のバラまきで国民の歓心を買おうとしているだけなのである。これでは高齢者医療の無料化などで財政破綻を招いた美濃部都政（一九六七〜七九年）の二の舞になるだろう。

■ギリシャの財政危機は対岸の火事ではない

二〇〇九年一〇月、ギリシャに新政権が発足すると当時に、前政権の巨額の財政赤字隠しが発覚。〇九年の財政赤字は国内総生産（GDP）比一二・七％とユーロ圏で最悪になった。欧州連合（EU）加盟の条件とされていた「三％以内」を大きく上回り、域内ばかりではなく、金融危機の最悪期を脱出しようとしていた世界経済をも震撼させたのである。いわゆるギリシャの財政危機である。

財政赤字とは、その年の政府の支出に対し、収入がどれほど足りないかを示すものだが、ギリシャはもともとEUの問題児でもあった。特有の「スト社会」と「闇社会」の存在である。これが財政再建にブレーキをかけているのだ。財政を健全化するには歳出を削るか増税するかしかない。

だが歳出の削減には「スト社会」が抵抗し、増収の前には「闇社会」が立ちはだかる。驚くことに税金など払ったことがないという国民が大勢いるのである。経済協力開発機構（ＯＥＣＤ）の推計によると、税務当局の目の届かない、つまり税金を納めない「闇社会」の規模は国全体の二五％にのぼるという。五〇％と見積もる専門家もいるほどだ。さらに大きな問題がある。「超巨大な政府」でもあることだ。ギリシャの人口は一一二〇万人。このうち公務員が一〇〇万人で、労働人口の二五％も占めているのである。四人に一人が公務員。財政が圧迫されるのは当然だろう。

一九九九年に導入されたユーロはドルに次ぐ有力な国際通貨であったはずだ。ユーロ通貨の加盟国は現在一六。ギリシャはユーロ圏内での経済規模は二～三％と小さい。だが、デフォルトを起こせば、同じように財政赤字や失業率に悩まされている、その頭文字をとってＰＩＩＧＳと呼ばれている南欧を中心とする五か国（ポルトガル、イタリア、アイルランド、ギリシャ、スペイン）に波及する危険性が大きいのである。つまりこれはギリシャだけの問題ではない。ＥＵの信頼が揺らぎ、財政赤字に苦しんでいる他のＥＵ諸国も危機に波及しかねない。現にスペイン、イタリアの長期金利は六％台に達している。

ＥＵは首脳会議を開き、ユーロ圏が国際通貨基金（ＩＭＦ）と連携し、ギリシャへの融資を行ったが、ユーロ圏を二分する激しい議論が交わされた。ある国が自国の放漫財政によって危機に瀕しているときに、助ける余裕のある国があるだろうか。だが単一通貨が下落することは自国の不利益に直結するのだ。ユーロの悩みもそこにある。経済の強いドイツのような優等生が、放漫経営のために財政赤字を招いている問題児への安易な支援に反発を強めているのも無理はない。

ユーロは「政府なき通貨」といわれている。金融政策だけを統一して通貨統合を行っただけで、加盟各国の経済状況や財政運営はバラバラなのである。ユーロ最大の試練にさらされているといっていいだろう。ギリシャを含むEUの危機は、対岸の火事ではない。米国債の格下げや欧州の債務危機に端を発する第二のリーマンショックが現実味を帯びているのである。

●公的債務の解消は、徳政令かハイパーインフレか？

財政を立て直すには歳出を削減するか、増税するかである。公的債務を解消するにはいささか乱暴な二つの方法がある。徳政令を出して借金を棒引きするか、ハイパーインフレを起こして、実質的に帳消しにするかである。

徳政令は日本史にも何度か登場するが、いわば借金をチャラにすること。平安から鎌倉時代末期にかけてよく行われている。二度にわたる元寇の襲撃を防ぎ切ったものの、財政の悪化は深刻なものになった。戦いには勝ったが、領土を得たわけではない。敵を押し戻し、国土を防衛しただけで、財を分捕ることはできなかったからである。

戦った武士たちへ、土地を与えるなどの論功行賞ができない。そこで幕府は質入していた土地を無償で返還させるなどの措置をとる。所領を売買して質入するとともに、すでに売ったり質入した所領をタダで返還させ、その後の債権債務についての訴訟はこれを一切認めないという、強引な借金消滅政策。これが徳政令の大まかな方法である。

これをグローバル時代の現代に行うことは不可能だ。外国からの借り入れを帳消しにすることはできない。こんなことをすれば国内の金融機関も破綻するだろう。保険や年金も失われるだろう。日本の場合は外国ではなく国内の金融機関が国債を保有している。背景にあるのは国民の預金や生命保険。徳政令を行えばもちろんこれらも失われてしまう。

もう一つはハイパーインフレである。国債発行に歯止めがかからなくなり、日銀がお札を大量に刷ることで、通貨価値が急落し物価を高騰させることである。日本は太平洋戦争の敗戦でこれを経験している。戦争に突入する前、軍事費が膨張し、公的債務残高がＧＤＰの二倍に達した。だが、敗戦によりハイパーインフレが起きたのである。円の価値は暴落。紙幣や債券は紙くず同然。政府の借金の価値もそれに伴って実質的には帳消しになった。だが、国民の資産や預金も価値を失ってしまったのである。結果的には、国の債務も国民の資産もゼロになってしまったのだ。ハイパーインフレの危険性はゼロではない。国債の大暴落が起きるとそうなるのである。

第四章　日本外交の建て直し

――中国、ロシア、東アジア、米とどう向き合うか

■国際情勢と構造の変化

中国の台頭、米国の影響力の低下など、国際環境は大きな変換の真っただ中にある。わが国の安全保障政策も、当然この環境の変化に的確に対応していかなければならない。特に、日本の基本政策や中長期的な国民生活に大きな影響を与える二大プレイヤーである米国と中国については、よくよく考えておく必要があるのだ。

第一に、中国の台頭をどう考えるかである。よく言われることだが、「中国は歴史上国土の拡大を企図したことは一度もなく、決して覇権を求めることはない。中国の発展はどの国にも脅威を及ぼすこともない、平和的な台頭である」――中国はこれまでつねにこのように主張してき

た。わが国にも、この主張に与する向きも少なくはない。だが、中国の最近の行動を見れば、その発展が「平和的台頭」などではないことは明白である。

「政治は硝煙なき戦争であり、戦争は硝煙による政治である」――毛沢東の言葉を待つまでもなく、中国漁船衝突事件での対日攻勢、民間企業社員の拘束も辞さない高圧的な態度、米欧にまで影響が及んだＷＴＯ違反でもあるレア・アース（希土類）の輸出禁止などは硝煙なき戦争そのものである。人権運動家のノーベル平和賞受賞の妨害（活動）、それに続く一連の民主派知識人の身柄拘束、出国阻止。中国当局は平和賞授与を「内政干渉」として非難し、各国へ授賞式を欠席するように働きかけもした。中国高速鉄道脱線事故を巡る中国国内メディアの独自の報道・評論の禁止なども同様である。

中国は歴史の中で民主主義になったことが一度もない国である。鄧小平の言葉に「韜光養晦」がある。姿勢を低く保ち、強くなるまで待つという意味だが、強くなった中国は、もう待つ必要などないと判断しているのかもしれない。むしろ、「有所作為」で、なすべきことはなす姿勢が露骨になり、中国のルールを世界に強要する。国家資本主義国家と呼ばれ、現在の体制も共産党独裁である。チベットやベトナムとの争いを見れば、中国が一貫して「覇権主義的」であることは明らかなのではないだろうか。

●「内向き」になってきたアメリカ

ポイントは、米国の影響力をどう評価するかである。一般に中国やインドなどのいわゆる新興国の台頭もあり、米国の経済力、政治力は相対的に低下している。今後も低下していくだろうと言われている。少なくとも長期化したイラク・アフガン戦争が米国の国力を大いに疲弊させ、昨今の米国民を全体として「内向き」にしているのは否めない。オバマ大統領の一般教書演説(二〇一一年一月)では、外交・安全保障よりも内政課題に重点が置かれていたし、続いて発表された国家軍事戦略では、同盟国や友好国に応分の責任と負担を求める方針が明確になっている。もはや、「世界の警察官」の役割を果たす力が失われていると評価されるのも無理のないことである。ただし、今後、中長期的に米国の影響力が低下し続けるか否かについてはいろいろな議論があり、「二一世紀も米国の世紀となる」との主張があることも確かである。

●中国がG7型システムに挑戦する構図

現在の世界の構造をどう見ればいいのだろうか。あえて単純化すれば、第二次世界大戦後に米国と西側の主導で構築し、冷戦の終了によって確定されたかに見えた「G7型の世界システム」に対し、中国が挑戦している構図が浮かんでくる。「G7型の世界システム」とは、安全保障面では大西洋のNATOと太平洋の日米・米韓・米豪同盟であり、経済面ではブレトンウッズ体制(米ドルが英ポンドに代わって基軸通貨になった）と世界貿易機関（ＷＴＯ）と航海の自由に代表される自由貿易システムである。また政治面では基本的人権と法の支配の価値観を尊重する民主主義体制である。

冷戦後に一時的に「米国の一極支配構造」が出現したことがあった。そのときには、Ｇ７型システムの普遍化によって世界は安定するとの希望的観測もあった。だが、二〇〇一年の９・11テロを契機として米国の一極構造が崩壊したのである。それからすでに一〇年以上経過した。その間、中国は独裁体制のもと、経済力と軍事力を効率的に伸ばしてきた。ここへきて浮上したのが、この中国がＧ７型システムに挑戦するという構図である。

「ドルを基軸通貨とするのは時代遅れだ」との胡錦濤国家主席の発言は、そのシンボリックな例である。また、領土的野心に絡めてレア・アースの輸出を差し止めるのは自由貿易体制への挑戦であり、公海である南シナ海を「自国の主権に関わる、譲歩できない核心的利益である」と位置づけたのは、既存の海洋秩序への挑戦でもある。軍事的には、まず東アジアから米軍を追い出し、将来的には西太平洋とインド洋から米軍の影響力を排除することを意図していると考えられる。

●中国による「既成事実づくり」と「軍事力を背景とした強要」の懸念

このような国際情勢と構造の中で、わが国が備えるべき安全保障上の問題は何か。現在の国際情勢においては、冷戦期に懸念されたような、他国(例えばソ連)が本格的にわが国の領土に侵攻して「国対国の戦争」になるという可能性はロシアについても中国についても皆無に等しい。ある程度の可能性があるものとしては、大きく次の三つのカテゴリーに分類できるだろう。

第一は、北朝鮮の暴発や崩壊に起因するものである。第二は、国際テロや海賊行為のような非国家主体によるグローバルな脅威である。そして第三は、中国による「既成事実づくり」と「軍事力を背景とした強要」である。もっとも蓋然性が高く、もっとも懸念すべきは、この第三のカテゴリーに属するものである。

北朝鮮の行動は予測不可能であり、今後の金正恩への政権世襲のプロセスの帰趨によっては、冒険的行動や軍の暴発から、さらには体制崩壊の危険性まで否定できない。これらの深刻な影響は当然わが国にも及ぶし、その備えを考えておくことは喫緊の課題でもある。ただ、誤解を恐れずに言えば、北朝鮮の影響はあくまでも一局面的なものであるし、国際社会に北朝鮮を支持する勢力はない。したがって、対北朝鮮については「戦略的」な決断を要するような選択肢はない。また、中国やロシアも含む国際社会と協力して対応することも可能である。この点は、国際テロや海賊行為についても同様である。対策を講じておくことは必要であるが、戦略的決断を要するものではなく、国際社会との協力こそが対応の王道と言える。

もっとも懸念されるのは、現在の「国際システム」や「国際ルール・秩序」に挑戦することを厭わず、軍事力を増強し続ける中国の振る舞いである。南シナ海や東南アジア諸国との間で過去に起こった歴史を見れば、今後はわが国との間で同様のことが起きる可能性は否定できない。すなわち、既成事実の積み重ねによって、中国が尖閣諸島の実効支配やわが国のEEZ(排他的経済水域)内の海底資源などの海洋権益の獲得を試みる可能性は高い。すでに漁業活動の保護という名目で、中国は事実上の軍艦に相当する装備を有する監視船を尖閣諸島周辺に出動させている。日本が現在のような事なかれ主義に甘んじ、手をこまねいていれば、中国の漁民が天候不順のような不測の事態によって尖閣諸島に上陸し、その保護のために実動部隊も上陸して実効支配に至るシナリオが次の段階として現実になる日は近いかもしれない。二〇一四年には国産空母の投入も予定している。

いったん「日本は圧力に屈服する国」であるという評価が確立すれば、将来にわたって強力な軍事力を背景として、さまざまな外交上の恫喝・強要が行われることになるだろう。「池に落ちた犬は叩け」の国なのである。その意味で、中国漁船衝突事件の際に「圧力に屈服する国」への弱点をさらに突く形で行われた中国人船長の無条件釈放は、戦略的にみてきわめてダメージの大きい対応であった。少なくとも、沖縄県の那覇地検に責任を丸投げするような事態ではない。民主党政権の中国への対応はあまりにも甘すぎるし、危険ですらある。

●選択肢としての日米同盟

このような安全保障上の懸念にどのように備えるべきであろうか。勇ましいことを主張するのはやさしいが、現在と将来のわが国の国力を冷静に評価すれば、米国との同盟関係の強化が日本のとりうる最善の選択肢であると考える。

ただし、健全な日米関係・同盟関係の維持・強化のためには、わが国は米国との関係をより「自立的」に変えていく必要がある。中国は、国家間で相互依存関係の進んだ現在においても、最終的には軍事力に代表される「力」を信奉する国である。そこそこの経済力を有し、高い生活水準を誇る日本といえども、核兵器をもたず、国連安保理の拒否権ももたず、海外に派遣できる軍隊をもたない国を、中国は自国と対等な存在とは見ない。現実に、先に挙げたような例に象徴される「力」をもたず、国土や人口の規模の点で圧倒的に小さいわが国が、自国のみで中国と対峙することは困難なのである。

「日米中の正三角形論」や「日本が米国と中国の間を取りもつバランサーになる」というような甘い夢物語もあるようだが、そのようなことを言った瞬間に米国からも中国からも相手にされなくなるのが国際政治の現実である。このことは、韓国のノ・ムヒョン(盧武鉉)前大統領の例を見るまでもなく明らかである。したがって、好むと好まざるとにかかわらず、わが国には「力」をもった安全保障上のパートナーが必要なのである。それは中国でもロシアでもないだろう。

他方、相対的に影響力が低下しているとの評価が多いとはいえ、見通しうる将来において、米国は単体としては世界最強の国であることに疑いがない。「二一世紀も米国の世紀となる」と主張する人々がいることはすでに述べたが、政治力や経済力もさることながら、軍事力において突出した能力は中国との関係ではとりわけ重要である。また、通商と貿易によって国が成り立っている日本にとって、自由貿易と海上交通の自由は死活的に重要な国益である。伝統的に海洋国家である米国とは、このような「利益」の点でも共通する側面がある。

価値感と利益を共有し、国力と生活水準の点でも優位にある米国との同盟関係がわが国にとって最善の選択肢となるだろう。したがって、「日米中の正三角形論」のような空想的なアイデアではなく、「日米同盟」という地に足のついた選択肢を追求すべきなのである。なお、豪州、韓国、インド、ＡＳＥＡＮ諸国も、上記の観点(特に価値と利益の共有といった点)から、安全保障を含む多くの側面で協力関係を構築できるパートナーとして位置づけなければならない。これらの国々との関係強化にも努力すべきである。また、自由貿易や海上交通の自由のような国際秩序を維持するためには、ＷＴＯのような多国間の枠組みを活用することも重要だ。しかし、これらの方策はあくまで日米同盟という「基本的な方針」を補完するものであり、代替するものにはなり得ない。これらの国々との協力関係の強化や、多国間の枠組みの活用を図っていくにあたっては、このことをしっかり銘記しておくことが肝要なのである。

●わが国の自立度をどう高めるのか

なお、尖閣諸島の主権保全のためにより具体的、効果的な方策としては、周辺海域において日米共同軍事演習を実施することから始め、ゆくゆくは自衛隊を駐留させ、最終的には共同使用基地として米軍をも駐留させることができれば理想的だろう。中国との軍事的衝突や決定的な外交的衝突を回避しつつ、これを実現するのは容易ではない。また、ここに至るプロセスには慎重さとセンシティビティを要するだろう。しかし、中国軍であっても、米軍が駐留する島の実効支配を試みるのは難しいという厳然たる事実を頭に入れておくべきである。

最後に、一つ問題提起をしておきたい。現在、北朝鮮のミサイル基地を叩く能力、空母を中心とした戦闘力の海外遠征能力、そして核抑止力に関しては、文字通り「完全」に米国に依存している。これらの機能・能力は、必ずしもすべてを独自に保有すべきものとまでは言い切れないが、保有の是非、保有する場合にはどの程度までにすべきかなどについては、わが国の「自立度」の問題として、今後よく議論を尽くし、きちんと検討することが必要なのではないだろうか。

第五章　これからの国防をどうするのか

――日米安保はこのままで大丈夫か？

■最優先に考えるべきは、「国民の繁栄」

前章と大きく関連しているが、ここでは国防を中心に思うところを書いてみたい。内容的にどうしても重複してくる部分が出てくることをあらかじめご容赦願いたい。自衛隊は過去、災害派遣（震災、台風、急患輸送など）に活躍してきたが、本来の役割は国防である。国防が達成するべき目標はいくつかある。

1．主権の保全～国土防衛、国民の繁栄と安全
武力攻撃や侵略への対処
平時と有事の「間」～警戒監視、訓練、プレゼンスの確保
資源、権益の確保を含む領域保全（東シナ海）

海賊対策〜航海の自由、貿易・通商はわが国存続の基盤
他国の軍事力による恫喝に屈しない外交政策の選択肢の確保

2．安全保障環境の改善〜地域の平和と安定、グローバルな課題の克服
朝鮮半島や台湾海峡での不測の事態への対応
地震や津波に際しての人道支援（東南アジア、中国、中米に派遣実績がある）
PKO、国連決議に基づく行動
テロ対策、大量破壊兵器の拡散への対応

3．国際秩序の形成〜地域秩序と国際秩序の形成
防衛アセット（資産、財産としての防衛力の運用）を外交に活用する視点をもつ
いかに自国に有利な国際秩序（「地合い」〜せめぎあいの中での双方の占める地の割合）を、受身ではなく能動的に形成するか。

●ルールをつくる側に立つ

最優先に考えるべきは、「国民の繁栄」である。単に国土を守るというだけではなく、経済活動

を含めて国民の繁栄をいかに達成すべきかを考慮する必要がある。国防というとどうしても有事だけをイメージしてしまう。だが、実をいうと有事でもないが平時でもないという状況がある。空と海では日々せめぎあいをしているのはみなさんご存知の通りだ。大震災の際にも、中国とロシアは日本の国力のダメージを見定めようと、領空、領海に異常な接近を試みている。そのつど、スクランブル（航空自衛隊の緊急発進）がなされているのだ。有事でも平時でもない状態が日常的に続いているのである。ちなみに、二〇一一年上半期の対中国機へのスクランブルは、前年同期の三倍超の八三回。前年度一年間の九六回に迫る勢いだ。

国民の繁栄を考えると、このような状況にあっても、特に資源、権益などを考えたうえでの防衛力を行使すべきなのは言うまでもない。シーレーン（一国の戦略上・通商上、重要な価値を有し、有事に際して確保すべき海上交通路）などは、確定したルールも定まっておらず、これからどう変化するかわからない不確定な要素が数多く含まれている。既成事実をつくらせない対応が求められているのだ。

国際秩序に関して言えば、国防力を秩序づくりのために活用していく方向も考えておく必要がある。単に国土を守る、島を守るというのではなく、自国にとっていかに有利な秩序を形成していくのか。このことは、これからの国防をさらに幅広く考えるうえで大きなポイントになるだろう。中国との関係で言えば、海、空、宇宙、サイバー空間をどう使うかというルールについても、日本はルールをつくっていく側に入っていく必要がある。少なくとも他国のルールを押し付けられるようでは話にならないのである。

●目的達成の手段

これらの目標をいかに達成するのか。そのための手段について述べておく。

1．わが国自身の努力～自衛隊、政府、国民意識
適切な防衛力の整備～事態に対処できる自衛隊
政府全体としての取り組み、さらには民間との協力
愛国心（教育の問題）～「国防の基本方針」（一九五七年）の確認

2．同盟国との協力～日米同盟関係
力の「実体」～国連や多国間の枠組みは、力の「実体」ではない
＊中国、ロシア、朝鮮半島に近接した地理的宿命→力の「実体」が不可欠
非対称な同盟～防衛義務（米国）と基地提供（日本）。非対称な同盟関係は、構造的に不満（「自国のほうが損をしている」など）が生じやすいことを認識しておく。
冷戦後の意義～アジア太平洋地域の平和と安定（地域の公共財）
ポスト9・11の意義～グローバルな協力も視野に入れる

3．国際社会との協力～国連、地域機構、国際機関

建前は正当性（力の「実体」ではない「抽象的な力」をどう利活用するか）

目的の達成の手段について言えば、愛国心が何より重要である。かつてベトナムは、装備や物量では圧倒的に勝るフランスや米国に勝利した。もちろん中国やソ連からの援助もあったが、国を愛する心がベトナムには強固な形で保持され、それが力となっていたからである。

国防意識の中心になるべきものは、自らの国を守る誇りにある。戦争になったから「さあ、逃げましょう」というのでは話にならない。政府や自衛隊だけではなく、国民全体が自らの国を自らの手で守る意識がなければならない。例えば、地政学的に極めて重要なポイントに基地を設置するか否かで迷走したり、大震災などでもあれだけ貢献してくれる自衛隊を否定的に見てしまう視線がいまでも強く残っているのが大変残念である。

●不満が出やすい非対称的な同盟関係

日本は地政学的にみて宿命的な位置にある。中国が隣にいて、ロシアも近く、北朝鮮とも海を挟んで隣接している。これを安定させることは、日本だけでは難しい。日米同盟関係が強化されなければならない理由である。ただし、日米同盟は、いわば非対称な同盟関係である。日本はアメリカを防衛する義務はないが、アメリカだけにはそれがある。基地は日本だけが提供している。どちらの国も「自国だけが損をしている」と不満が高じやすい構造になっているのだ。ちなみに民主党は普天間基地移設問題をこじらせてしまったが、かつてフィリピンではスービック海軍基地とクラーク空軍基地を返還し、すべての米軍が撤退（一九九二年）した後に、中国はミスチーフ礁などフィリピンが領有権を主張する島を占領して建造物を構築し、周辺諸国に警戒心を呼び起こしたことは強く記憶しておくべきだろう。

国際社会の協力という点においては、国連、地域機構、国際機関に「実体的」な力はない。抽象的な正当性、建前はあっても、それに実体的な力は備わっていない。しかし、これをあてにしないということではもちろんない。この力をどう活用するのかという視点は、今後ますます重要になり、このことが国際秩序の形成にも強いインパクトを与えるのである。

■自衛隊はどうあるべきなのか

二〇一一年以降にかかわる防衛計画の大綱が発表された。わが国を取り巻く新たな安全保障環境における日本の安全保障、防衛力のあり方の指針である。この大綱は、民主党（鳩山首相時代）になって初めて発表されたものだが、ほとんど自民党時代につくった有識者懇談会と同じメンバーで作成されている。つまり、防衛に関してはほとんど何も考えていない政権が、いわば政治主導を発揮する余裕もなく、自民党時代の指針に抱きついた形になっている。それはさておき、注目されるのが「動的防衛力」である。

「動的防衛力」というのは、もともとは「動的抑止」と言われていたものだ。「思いとどまらせる抑止」である。つまり、相手がより性能がいいものをもっている、しかもその数も多い。戦いを挑んだところで勝負にならないと思わせる力。性能×数が中心となる抑止の考え方である。「動的防衛力」は、性能×数にプラスして、それが倉庫に眠っているというのではなく、陸海空に展開し、運用能力があること。また日米同盟関係がきちんと機能していて、それが動的に能力として発揮できる環境にあることを言う。

紛争以前の事態にどういうふうに対応していくか。空、海、宇宙も含め、新しい公共空間をどう形成していくのか。わが国でいえば、警戒監視能力・情報収集の能力をもっと高めるべきだろう。長距離輸送能力、機動力、持続力などプレゼンスを示す動きも必要になる。ミサイル防衛は、差し迫った脅威という点からも考えておくべきものである。

だが、「動的防衛力」を円滑に運用するためには、制度的な課題がより改善されなければならない。責任ある同盟関係を築くための集団的自衛権の問題がここにも浮上してくるのだ。これは福田政権以降棚上げになっているものだ。クリアすべき課題は四つある。

1．米国へ向かう弾道ミサイルの迎撃

2. 公海上でともに行動する米国艦艇の防護
3. 国際協力活動における武器使用
4. 国際協力活動における後方支援

これらについて真剣に考えなければならない時代を迎えている。また、責任ある国際協力も不可欠である。自衛隊によるインド洋での給油派遣でも、ねじれ国会で中断したり、海賊対策も「中国が行くなら日本も」というのではだめである。自衛隊派遣の一般法(恒久法)の備えがなければ、責任ある国際協力は果たせないのである。

武器輸出三原則についても早急に見直さなければならない。最先端装備品の取得、技術力、コスト低減。国際共同開発を考えるならもっと積極的であるべきで、情報共有の前提としての情報保全、同盟関係の実効性の向上も求められる。先進国ではすでに解決済みの問題が日本にはまだ残っているのである。国際共同開発に乗り遅れ、つねに蚊帳の外に置かれている状態を何とか改善しなければならないのである。

例えばF35のステルス機は、アメリカとヨーロッパの国際共同開発である。日本は、武器輸出三原則があるため国際プログラムに入っていけない。国際共同開発というのはリスクを分散して技術を共有しようという目的がある。一緒に開発しようとすれば日本の技術が出て行くことになる。それがいまできないのだ。一番最先端のものをつくろうとしたときに技術の一つひとつがそうなってくる。まさにF35もそうだった。このことは、次の第六世代機の開発のときにも同じような問題が発生するのだ。「日本はどうせ参画できない」と、声すらかからなくなる。するとF35と同じように共同開発に入っていないために、日本にはいつ売ってくれるのかもわからない。どういうバージョンで、それがどのような値段なのかも知ることができない。みんな蚊帳の外に置かれ、条件がますます厳しくなるのだ。

一方で、必要なものがあるなら共同開発に参加すればいいという意見もある。だが、それではもう遅い。研究開発に参加しているプロセスの中で同時に新たな方向性が生まれ、必要なものも出てくる。共同研究開発というのはそういうものである。「こういう装備が必要だから参加したい」と訴えたところで、「それはすでにありますよ」と提示されれば、もうそれだけで日本は不利な立場に立たされる。こういうケースは限りなく起こるのだ。仲間はずれにされ、カネだけを払わされる。共同開発のメンバーがあらゆる可能性を探り、課題を共有しているその現場に参加しなければ意味がないのだ。

一方で問題はまだ残る。アメリカやヨーロッパと共同開発するのはいい。だが、第三国への移転の際、アメリカがさまざまな国にそれを売る。そのときに日本のパーツが入っていることになる。すると、イスラエルや台湾などの問題が必ず出てくるだろう。この場合、「日本はOKできません」では、「じゃあそんな面倒な国とは一緒にやれない」ということになるだろう。ここに踏み込まない限り、新しい展開にはならないのだ。この点をどのようにクリアするのかも徹底した議論が必要になるだろう。

●自衛隊が保有するF15は、F22にまるでかなわない

われわれは実際のシミュレーションをときに怠ることがある。原発の安全神話と同じように見たくない現実を見ないようにする傾向があるのだ。同じようなことは、国防でも言える。そこで簡単な比較、シミュレーションを行ってみる。

まず、防空に関して日本が所有している一番性能がいい戦闘機F15と、最新鋭のF22がドッグファイトするとどうなるのか。

専門家の話では、一〇〇対一、いや二〇〇対一くらいの確率で負けるという。千倍以上もF22のほうが能力が上だという人もいる。つまり、お話にならないくらいに能力差があるということだ。性能は桁が違っている。ステルスの場合、まったく相手がレーダーで見えないので空中戦をすればF15が五〇〇機いても、F22が3機で対応できる。しかも、F22は、ステルス性を切り替え、ときにははずすこともできる。だが、見えていても絶対に勝てないというのだ。ドッグファイト能力が格段に違う。運動性能も違う。カニの横ばいのように動くこともできるのだという。

仮定の話だが、北朝鮮が上陸用舟艇などで日本に攻めてくる場合は、自衛隊が対応する。で

は、実際にミサイルが飛んできて、当たった。さらにもう一発日本に向けて撃つ態勢になっている。このときには、自衛隊は何ができるのか。できるのはミサイル防衛だけである。飛んできたものを打ち落とすだけ。基地を叩くことはできないのだ。

アメリカとの関係で言えば、アメリカに基地を叩いてもらうことはできる。日本がはっきりアメリカに叩いてほしいと要請すればそうなる。一発では事故の可能性もあるが、右の仮定の場合は、明らかに戦争の意思がある。いずれの場合も、敵の基地を叩く機能を日本の自衛隊はもっていない。F15にもイージス艦にも敵地攻撃能力をもたせていないのである。

民主党はこのようなシミュレーションをやっているだろうか。原発事故もそうだったが、危機管理は普段からやっておかなければ、いざという事態に直面したときに役に立たない。ストライクパッケージはつねにイメージしておくべきである。中国の尖閣諸島を巡る高圧的な姿勢、メドベージェフの電撃的な北方領土の訪問、北方領土の軍備更新、金正日親子の韓国への砲撃など、挑発を繰り返しているうちに一線を越えることはあり得る。いかなる形を取るにしろ想定しておかなければならない。このようなことは今日、明日にも起きる可能性があるのだ。

自民党政権のとき、奄美大島沖で、銃撃してきた北朝鮮の船を海上保安庁が沈めたことがあった。それは政治的決断でよしとした。ところが尖閣諸島の漁船衝突事件の際の腰砕けの対応を見ていると、同じようなことが起きた場合、どのようにするのかという不安はある。国境線でもめている以上同じような問題は多発するのだ。奄美の場合は国境問題ではなかったが、このようなことは日常的に起きるのである。

●自立した日米関係を目指して

先に述べたように、健全な日米関係を維持し、同盟関係を強化していくためには、わが国は米国との関係をより「自立的」に変えていく必要がある。

日米安保条約には、米国はわが国に武力攻撃があったときには、わが国と一緒に日本を防衛することが規定されているが、「日本が攻められたら、米国は本当に助けにきれくれるのか?」ということがしばしば問われる。他国である日本を守るために、米国は本当に犠牲を払ってまでも守ってくれるのか、という疑問は自然なものだ。この問いに対する答えは、「それは日本次第である」ということだろう。日本人が血を流して必死に戦っていれば、必ず米国は一緒に戦ってくれるはずである。裏を返せば、自国の防衛を他人任せにしていれば、米国は助けに来ないということだ。愛国心を失い、自助努力をしない国と国民に米国は敬意を払わないし、助けようとも思わないだろう。米国は若い兵士の命を差し出すのだ。五〇年以上も前に閣議決定された「国防の基本方針」には、「愛国心」は、国連、自衛隊、日米同盟と並ぶ四つの重要な要素の一つとして記述されていることを忘れるべきではない。「大和魂」は依然として国防には不可欠なものなのである。

第六章　変化してきた金融の概念

■日本の金融を四つの時代に区切って検証する

「金融」には、「お金の流れ」と「お金の貸し借り」という二つの意味がある。お金の貸し借りについては、お金の余っているところからお金の足りないところへ「融通」すること。しかし近年、この金融の二つの意味が大きく変化しているのである。

日本の金融について、四つの年代に区切って簡単にまとめてみたい。戦後から経済成長期、一九八〇年代、九〇年代、そして二〇〇〇年代である。

終戦直後は、激しいインフレにより国民資産は壊滅的となった。そこで、復興期には産業の重点分野に銀行が融資の形で資金供給することで産業の立て直しを図った。これが、その後、銀行(間接金融部門)へ資金とリスクが集中しバブル崩壊後、経済へ大きな影響を与えた源流である。

設備投資は長期信用銀行、運転資金は都銀、地方の中小企業の育成は信用金庫、信用組合と、それぞれの役割と棲み分けもできていた。

規制金利体系により、利鞘《りざや》も保障されていた。業務規制には参入規制があり、いわば本業だけをちゃんとやっていれば経済の拡大とともに市場は拡大し、銀行は儲かったのである。もちろん潰れる心配もなかった。高度成長による右肩上がりの経済と規制システムがうまく機能していたのである。

ところが、オイルショックを境に様相が一変する。重厚長大産業も成熟期を迎え、企業も減量経営に乗り出す。いわば成長がひと段落し、企業が贅肉をそぎ落とすスリム化の時期に入るのである。これが一九八〇年代から顕著になる。すると企業は、銀行からお金をあまり借りなくなってきたのである。借り手と貸し手の力関係に変化が現れるのだ。

一九七〇年代、大企業は資金調達の八〇％を銀行融資に依存していた。ところが一九八五年はインパクトローン(外貨貸付)などを除くと五〇％くらいにまで下がったのである。こうなると銀行は、貸出先に関して頭を悩ませることになる。製造業などの大企業などがお金を借りてくれなくなったからである。これを克服するために、銀行はサービス業向けの貸出しを増やす。不動産業や小売・サービス業・貸金業者に投融資したり、サービス業の中小企業への融資を積極的に行わざるを得なくなったのだ。言葉を変えれば、この方向へ進むほか道はなかったのである。そこでバブルが発生する。

バブル崩壊で不良債権の問題が浮上する。これらはマクロ政策の失敗という議論が多いが、銀行がまともなところに貸していれば、ここまで酷いことにはならなかったはずである。不良債権問題は結局、借り手がいない中で、仕方なく実需を伴わないリスクの大きいところへ貸してしまった結果だとも言えるのである。

一九九〇年代に入ると、金融の自由化が相当程度に進んでくる。金利、業務、店舗展開などもかなり自由に行えるようになってきた。これに伴い競争が激化し、銀行それ自体に余力がなくなってきたのである。かつては、例えば、ある銀行が潰れても、東京進出のためにちょうどいいのでうちが買うという銀行があった。平和相互銀行の住友銀行による合併がその例である。だが、このような話はだんだん聞かれなくなる。買い手(破綻銀行などの受け皿)が消失してしまったのである。そのため東京協和信用組合、安全信用組合、兵庫銀行、コスモ信用組合、木津信用組合などの破綻銀行の際、混乱が生じる。金融は、限界の様相を呈するようになったのである。三洋証券、山一證券、拓銀、徳陽シティ銀行など破綻する大手金融機関も続出する。日本の金融システムの危機であるが、それを踏まえ、同時にセーフティーネットを整備したというのが九〇年代である。こうして日本発の世界金融恐慌は何とか回避されたのである。

二〇〇〇年代は不良債権処理問題に直面する。不良債権処理をするためには、銀行も再編をして体力をつけなければならない。かつては都銀は一五行体制。いまは三メガバンク体制である。信託銀行も中央三井と住信が合併することで三行体制にシフトしている。

銀行はこの間、リストラと新規雇用の削減に力を注ぐ。だがその結果として現場力の低下を招いてしまうのだ。弊害は現在でも尾を引いている。例えば現場に三〇歳代の中堅がいない。採用を見送られたからだ。このことによって何が起きるか。二〇歳代を現場で指導する三〇代がいないため、若手の力が伸びないのである。四〇代には残念ながら疲れ切っていてその気力がない。つまり、何もわからない、いつまでも新米行員が増えることになる。このことにより、現場では目に見えない業務の停滞やトラブルが起きているのだ。

銀行は、投資銀行業務などの業務の拡大に遅れたため、リーマンショック後の金融危機で大きな火傷を免れたのだが、根本的な問題はあまり解決していない。借り手企業としても一九九〇年代と二〇〇〇年代のいわゆる貸し渋りに懲り、今度は企業も借り入れに慎重になる。借りるリスクを負ってまで投資をしない傾向が強まる。つまり、投資のための借入需要が極端に弱くなっているのである。企業は現預金二〇〇兆円が手元で余っていると言われている。つまり、低金利であってもいま銀行は貸し出す先がないのである。また、低金利であるため貸しても儲からない。このような状況が続いているのだ。

サブプライムの問題が発生する前には、円安と低金利に支えられプチバブルのような状況があったが、いまは跡形もなく消滅し、相当に厳しい状況になっているのである。

●アメリカの構図

アメリカも基本的には日本と同じ構図である。重厚長大産業がかなり成熟してきた中で一九七〇年代に手数料の自由化や発行登録制度の導入により、銀行ばかりでなく証券会社も儲からなくなった。アメリカはいわゆる3Lといわれる、ランド（土地、不動産）、LDC（開発途上国向け融資）、レバレッジバイアウト（LBO、借入金による買収）に力を集中させるのだ。だが、その結果として八〇年代の初頭に中南米の累積債務問題があり、後半は高金利の下での金融自由化が進む中で、S&L（貯蓄組合）の経営危機が発生する。

そこでアメリカの投資銀行や商業銀行は、一九八〇年代はトレーディング（株式などの証券投資）にシフトすることになる。しかしトレーディングも定型的な取引だと競争激化でサヤは薄くなり、すぐに儲からなくなる。そして、九〇年代のテーマはデリバティブ（金融派生商品）に移っていくのである。しかも取引所で売っているとサヤが抜けないため、テーラーメイド型の相対取引に次第に重点を移すのだ。二〇〇〇年代はそれも一巡し、さらに複雑・不透明な証券化商品へとなだれ込む。そこでバブルがはじけた。FRB（連邦準備制度理事会）議長グリーンスパンの前任者ボルカーがトレーディング業務を銀行は禁止しろ、あるいはデリバティブを集中決済させろなどと叫んでいるのはこのような背景がある。

●地方の疲弊をどう回復するか

さて、日本の現状を見ておこう。高齢化が進み、国内市場も縮小している。そこで現在、メガバンクはアジアに注力している。日本の中堅企業、中小企業もアジアに進出する。新興国の追い上げもこの動きに拍車をかけている。これまで子会社は、親会社が出て行くため、それにしたがわないと下請けを切られてしまうという危惧が当初はアジア進出の動機になっていた。ところがいまや、地方の中堅企業が積極的に市場を求めてアジアに向かうのである。

こうした国内市場縮小の中で、メガバンクは国内で預貸業務を行っても、将来的に立ち行かない。地銀ですらアジアへの中小企業進出の借り手を支援するようになっている。こういう中で日本の地方経済は疲弊し、地銀の将来はますます苦しくなる。

例えば青森県である。二〇四五年に生産年齢人口がいまの半分になる。これでは地銀が成り立つはずがない。静かではあるが確実に地盤沈下しているのである。

金融庁は、貯蓄から投資へと促し、新しい企業の出現を助けようとしてきた。東証マザーズや札証アンビシャス、大証ヘラクレスなど、新興市場もつくってきた。だが、これらは資金調達のための争奪の場のような様相を呈し、十分に機能しているとは言えない。課題も多いのである。

これらの改善が求められているのだ。

●アジアへの進出と地方の再興

今後の課題について考えてみよう。大きな問題の一つは、国内にリスクキャピタル(自己資本や株主資本)の供給主体がないということである。流動性はあるのだが、リスクをとるキャピタルがないのである。例えば経営危険(ビジネスリスク)を負担する、企業が使用できる資本が供給されないのである。

金融ビッグバンの一つの大きな柱は、資産運用業の弱さを強化することにあった。また、地域金融の課題はリレーションシップバンキングと地方の企業を伸ばすコンサルティング機能を強化することにあったが、結局これは昔からあまり変わっていない。昔はメインバンク制度などにより銀行が企業の面倒をみたり、ある程度の株の保有も行っていた。借り手企業が成長しIPO(株式公開)すれば銀行も儲かったのである。その代わりメインバンクは借り手企業が苦しくなれば、債権放棄もする。しかし金融危機を経て、いまメインバンク制度は完全に崩壊しているのだ。加えて、リスクキャピタルの供給主体が依然として不在なのである。

いずれにしても地方を何とかしなければならない。地方の企業を伸ばすコンサルティング機能を強化するように銀行にもっと働きかける必要があるだろう。いま地銀や新生銀行、あおぞら銀行など、彼らが一所懸命にやっているのは企業の再建ビジネスである。ではお金はちゃんと回っているのかといえば、個人や零細企業には回っていない。地方企業の再建ビジネス、不良債権ビジネスの強化も課題になっている。

新しい産業構造に転換する金融機能をどうするかという問題は依然として重要である。ある程度アップサイド（借り手企業が再建成長した時に銀行が得られる金利以上の利益）を銀行もしくはそれに代わる資金供給先が取れるようにしなければならないのだ。金利でしか儲からないという形にしているとどうしようもないだろう。これを何とかしなければならない。

産業としての金融の発展はどうあるべきなのかを考えてみよう。アジアや海外への進出を考えた場合、どの国の銀行もみなアジアに進出しているのだ。日本の銀行だけではなく、ＪＰモルガンでさえアメリカの国内でお金を貸しても儲からないため、アジアに行くという。アジアに進出したとしても、そこで日本がどういうビジネスモデルでやっていくのかが問われるのだ。これを真剣に考えなければならない時代になっているのである。

一つはいままで日本がやってきたメインバンクモデルのようなものをアジアで展開すること。これは一つの考え方である。ただリテール（小口金融業務、個人融資）までやるかといえば、難しい問題もある。アジアでリテールで成功している外銀は少ない。米シティバンクやＨＳＢＣ（香港上海銀行）など、もともと植民地で一五〇年以上実績があるところは非常に強いのだ。このような状況の中で、日本のメガ銀行が競い勝って行けるのかという問題はある。だが、勝負をかける価値は十分にあるだろう。

地方について言えば銀行だけで産業を興すというのは無理である。官民一体になって何かをしなければどうしようもない。地方で一番いい就職先が、市役所、県庁、地方銀行というのは異常なのである。

まず大きな地域・産業ビジョンがあり、その上で新しい産業構造への転換を支える金融機能が必要である。また企業のガバナンスを促す新しい機能(かつてのメインバンク制度のようなもの)、また産業としての金融の発展を促すための方策も求められる。国・地方の総合的な成長戦略・産業戦略の中で金融の改革を位置付けることと、金融グローバル化への総合的な戦略が不可欠である。

●国債が自国で吸収され続けることはありえない

先ほど、企業には現預金二〇〇兆円が手元で余っていると述べた。二〇〇兆円あっても、低金利でもあり、それ自体は動かない。このことは、かつてのようにそれぞれの企業のトップが、設備投資をして新たな発想で会社を盛り上げようという意欲が減退していることを意味しているのかもしれない。最悪は、インフレ傾向になったときである。こうした手元余剰金が積極的に設備投資に回ればいいのだが、投機に使われると単なるバブルになるだろう。最近、話題になったマッキンゼー社のレポートがある。これまでは流動性が過剰で、キャピタルはチープだったが、今後コストが高くなる可能性があると言うのである。先進国は高齢化しており、質屋の取り崩しの時代に入る。他方で新興国はこれからインフラも含めて需要が出てくる。新興国ではこれから、国民の所得が上がり、貯蓄率も上昇する。しかし、資産が蓄積されるまではタイムラグがある。その間にミスマッチが起こり、キャピタルがかなり高くなる時代に戻るのではないかというものである。一九七〇年から現在までの約四〇年はチープキャピタルの時代だった。だが、大きく変わる可能性があると言うのである。

金融機関については利鞘が取れるからいいとだけ言って済む問題であろうか。だが、実はその問題にとどまらない。日本の国債はどうするのかということに大きく関連してくるのだ。これは大きな問題になるだろう。中長期的にマーケットの姿が変わるかもしれない一つの可能性を示している。

現在、日本の国債は消去法で買われている。だが、日本の国債がこのまま自国で吸収され続けることはありえないだろう。これがかなり心配なのである。銀行部門で多量の国債を抱えている。金利が上昇した時にまず生じる含み損、一斉に売り出した時の市場の混乱を警戒しなければならない。

●ドルの信用がどれくらい続くかが鍵

金融危機の要因の一つが、経済収支の不均衡である。経済収支の不均衡の是正、グローバルな政策協調が必要だとされ、世界的な金融の大きな問題になっている。私がいま危惧しているのは、金融のあり方そのものである。

歴史的には最初はイギリスのポンドが基軸通貨だった。そして、イギリスが世界のファクトリー（工場）になっていた。だが、東インド会社やアヘン戦争などを経て、とにかく金融で儲ければいいというので工場としての地道な努力を放棄し、そして没落した。アメリカもそのあとを受けて世界の工場になった。そして、産業から金融への流れの中で、金融機関は貸し出しと取引の仲介だけでは儲からない。銀行自体が投資と自己の投機取引によって利益をあげるというのが、金融機関のあるべき姿だと主張し金融革新が起きた。ところが金融革新を行った途端にバブルが起き、そのバブルが崩壊する。サブプライム問題、リーマンショックがそれである。そして結果的にアメリカも第二のイギリスになっているのだ。金融自体のあるべき姿というのは本当はどういうものなのか。どういう姿がまっとうなのかが、わからなくなってきているのである。

一九七〇年代くらいまでは、「金融は産業を助けるもの」という世界的に共通の認識があった。インフラとしての金融システム安定のために、前述した通り、強い規制で守られていた。だから一〇年に一回くらい繰り返し定期的に金融は批判されてきたのである。つまり、規制に守られ、産業を助けるべきものが儲けすぎているのではないかという批判である。アメリカもそうだが、特にイギリスは銀行が儲けすぎではないかという社会的批判が盛り上がった。アメリカでも七〇年代にファクトリーからファイナンスへという国策の大きな転換があった。イギリスも一九八六年に金融ビッグバンが起き、アングロサクソンは七〇年代から八〇年代にかけてまさに金融立国を目指したのである。だが、それが破綻する。これがいまの姿なのだろう。為替政策まで動員し、外国のお金を自国に移動させ、バブルを起こして儲けるというモデルだ。それが破綻した中でドルの信用がどれくらいもつかが大きなポイントになってくる。

ユーロのギリシャが金融危機に陥っている。ポルトガル、スペイン、イタリアも黄色の信号が灯っている。ある専門家は、「ポルトガルまではある程度織り込み済みだが、スペインとなると決定的に局面が変わる。スペインまで飛び火するとリーマンショック後くらいになる可能性が大きい」と言う。少なくともEUは、このままではすまないだろう。ドイツがどこまで腹を括るかが鍵を握っているようだ。米国債の格下げを契機に起こった債務ショックは、このことをよく表している。世界的な金融危機は依然くすぶり続けているのである。

第七章　成長神話から脱却する新時代の経済政策

■成長への疑問

日本はGDP世界第二位の地位を中国に明け渡した。日本は少子高齢化に直面し、今後、人口の減少が見込まれる。経済の成長は、人口増加、資本増加、それに技術革新により達成される。そのため人口減少は経済成長にとって大きな障害となるのである。

環境問題も経済成長一辺倒の発想に疑問を投げかけている。これも成長に対して大きな制約要因となっているのだ。

失業や派遣切り、高齢者の孤立、地域経済の疲弊、農業の衰退などの問題を抱え、パイの拡大を目指す成長よりも、パイを分かちあう分配を重視すべきとの議論もある。

これらの問題から、私たちは「成長より分配」「企業よりも労働者」「外需よりも内需」「グローーバル化よりも国内雇用」といった発想に陥りがちになる。しかし、こうした二者択一の発想では目の前の課題を乗り切ることは難しい。

●二者択一の発想からの脱却

分配については、わが国の労働分配率は先進国の中でも最も高い水準にある。これを示すデータも存在しており、企業の収益拡大なくして、これ以上の賃金の上昇は容易ではない。また社会保障は典型的な分配政策であるが、高齢化により社会保障負担はますます重くのしかかってくる。数少ない現役世代が、増大する高齢者を支える状況を考えると、成長を通じた所得の拡大は社会の活力維持のためにも不可欠である。

これまで日本の成長を牽引してきたのは、自動車、電機などのグローバル製造業である。それでもわが国の輸出依存度は他国と比べると依然として低い水準にある。日本には洗練された国内市場がある。高齢化により新たな需要が国内市場に生まれることも考えられる。しかし、人口減少によるマイナスの影響も無視できないのである。

成長市場が、わが国を含む先進国から新興国に移行する中で、ひとり日本だけがグローバル化に背を向けても、ジリ貧になるのを待つのみである。他方、グローバル化の中でも、国内で付加価値を生み、雇用を創出するためには、わが国の「立地の国際競争力」を高めるしか道はない。

「外需か内需か」ではなく、「外需も内需も」ともに必要なのである。

その際、「企業と労働者のどちらを支援するか」という議論は、まったく無意味である。こうした国内の分配の論理に目を奪われていては、グローバル化が不可避な中で、日本から付加価値と良質な雇用が喪失するのみである。重要な視点は、いかに生産性を高めていくかという点にある。総体として伸びてきたわが国の企業の労働生産性を、大企業を中心としたグローバル企業と中小企業に多く見られるようなドメスティック企業(主に国内で事業を展開し、資本を国内で集めている比較的小規模な企業)に分けて考えてみると、グローバル企業の労働生産性は右肩上がりに推移してきたのに対し、ドメスティック企業のそれは一九九〇年を境に停滞し、両者の間には大きな乖離が生じている。今後、ドメスティック企業を海外の成長市場につなげることで、日本経済全体の付加価値を高めることが重要である。

雇用問題への対応は、短期と中長期に分けて考える必要がある。足もとでは、失業率が五％近辺を推移し、潜在的に失業の可能性がある者も多く、深刻な雇用不安が広がっている。新卒者の就職内定率も極めて低い状況にある。このため短期的には、雇用の受け皿を確保し、雇用の「量」を確保することが最重要課題である。他方で、中長期的には、生産年齢人口は減少に向かっており、二〇二〇年には、二〇〇九年比で八〇一万人減少すると見込まれている。計算上は、労働の受給バランスは均衡に向かっていくことになる。中長期的には、グローバル競争のもとで、新興国との賃金競争に一層さらされることから、労働の「質」の確保が重要であり、グローバル競争に勝ち抜ける人材育成が重要になってくる。このことは労働者の賃金を増加させるためにも不可欠である。

●新しい市場への展開

アジアを中心とした新興国の台頭に伴い、グローバルな需要構造は大きく変化している。世界経済を牽引してきた欧米市場の相対的な地位の低下により、新興国は生産分業を担う「世界の工場」から巨大な中間層の購買力を生み出す「世界の市場」として台頭し、存在感を高めている。新興国の需要を取り込むことで日本国内の成長も可能になるのだ。企業は、「アジアの内需化」といった発想で、日本・アジアを総体としてとらえ、事業を展開する必要があるし、政策面でもそうしたダイナミックな視点をもつことが不可欠である。

一方で、グローバル規模での「社会的課題」の拡大が新しい需要を生み出している。その典型が、エネルギー、環境制約の増大である。この解決のための方策を提供することは、「新たな需要」の源としてビジネスチャンスを生み出すことに直結している。日本のすぐれたエネルギー・環境技術がグローバル市場で新たな需要を獲得できる可能性が広がっているのだ。福島原発の収束へ向け蓄積された技術は、必ずや新たなビジネスチャンスにつながる。だからこそ無意味なこだわりと、それによって誘発されるわかりきった失敗は、何としても食い止めなければならない。新しい技術や施策の有効性、真摯に立ち向かった技術者たちの勇気も含め、上質な克服プロセスの正確な記録が必要なのである。

いずれにしても、新興国需要の取り込み、課題解決型の事業展開により日本経済の活性化を図っていくことが重要な視点となるだろう。

●二刀流の戦略

現在は、明治維新、太平洋戦争の敗戦に続き第三の改革の時期と言われている。世界が大きく変動する中で、日本も用意周到にこれに立ち向かわなくてはならない。その処方箋は「グローバル化か内需か」という二者択一で乗り切れるほど簡単で単純なものではない。

夏目漱石は、日本が一等国になったと言うが上滑りの文明開化だと喝破した。当時と比べれば、これまでの先人の努力の結果、日本は世界に広く知られ、敬意をもって受け入れられ、はるかに恵まれた環境にある。だが時代は過ぎたが、相変わらず資源に乏しく、国際社会において発展していかなければならない日本の置かれた基礎的状況は何ら変わっていない。中国、北朝鮮など極東にはまだまだ冷戦時代の残滓がある。これを乗り越えていくためには、やはり「日本らしくグローバルに」という両刀使いの戦略が必要なのである。

第八章　限界にきている社会保障の再構築

■日本の社会保障──年金問題はなぜ起きたのか

　年金記録問題は政権交代を後押しした大きな要因であった。だが、民主党にしてもこの問題に対して対応を誤れば、新政権の致命傷となるだろう。

　私は残念でたまらない。今から一〇年前の財務副大臣のとき、「住基ネットを、年金、医療、介護につなげよ」と主張した。つまり、住基ネットにある一一桁の住民コード、これをＩＤ番号として、各種の社会保障番号に対応させ、番号を統一すべきだと主張したのだ。なぜなら、個人でもつ年金番号は種類によってバラバラ、国民健康保険の番号も異なり、介護に関する番号も違う。一人ひとりが、年金はもちろん、社会保障に関する番号をいくつも同時にもっている。これほど不合理なことがあるだろうか。だが、受け入れてもらえなかった。もし、これが実現していたら、年金問題もこれほどやっかいなものにはならなかったはずなのである。

私は社会保障を一セットでとらえるべきだと考えている。年金、医療、介護をそれぞれ違う分野として個別に扱うのではなく、社会保障という大きな枠組みでとらえるべきであると考えている。これについては一二章で提案させていただく。

●年金問題はなぜ起きたのか？

年金問題はなぜ起きたのか？　その原因は、

①システムの不合理性（前近代性）

②社会保険庁の管理のずさんさと怠慢、チェック機能の欠如

③社会保障全般に関するグランドデザインの欠如

にあると考えている。

二〇〇七年にいわゆる「宙に浮いた年金」「消えた年金」問題が浮上した。「宙に浮いた年金」は、コンピュータに記録があるものの、基礎年金番号に統合・整理されていないもので、それが約五〇〇〇万件あることが判明。社会保険庁が年金記録をきちんと管理していないことが指摘されたのである。

「消えた年金」は、納めたはずの国民年金の納付記録が、社会保険庁のデータ（年金記録）や自治

体の台帳になかったり、給料から天引きされていたはずの厚生年金保険料の納付記録（被保険者記録）が、社会保険庁のデータにないもの。さらに「消された年金」もある。社会保険事務所が、厚生年金の標準報酬等の記録をさかのぼって訂正した不適正な事務処理によって発生したものだ。これは弁解の余地のない明らかな不正である。

紙台帳は八億五〇〇〇万件ある。宙に浮いた年金五〇〇〇万件について、その性格を整理してみる。まず紙台帳である。日本の総人口が一億三〇〇〇万人弱である。ではなぜ、紙台帳に八億五〇〇〇万件も記載されているのか。不思議に思われる方もいることだろう。

理由は簡単だ。基礎年金、厚生年金、共済年金などの登録台帳がそれぞれ異なるため一人ひとりの情報がバラバラになっていたからだ。しかも、二重にも三重にも重複し登録されている場合もある。死亡、脱退など、年金支給に無関係になってしまった人の記録もそのままに残っている。結婚して姓が変わった、離婚して苗字が戻った、あるいは戻らなかった、自主的に会社を辞めたり転職したり、あるいは倒産など、さまざまな事情により会社を替わらざるを得なかった人もいる。また、何度も就職を繰り返した人も多いのである。

年金手帳を二冊、三冊もっているケースもめずらしくない。同時に複数の会社に所属し、それぞれで厚生年金を納めていると、当然そうなるのである。

ところであなたは、「神野聖子さん」をどのようにお読みになるだろうか。「かみのせいこ」「じんのせいこ」「かみやひじりこ」……。この氏名は、二〇通り以上の読み方がある。戸籍法にはふりがなをふる義務がないため読み間違いも起こるのだ。そして、紙台帳は手書きの文字のために、文字が崩されていたり、かすれていたり、判読が難しいものも当然含まれている。これらを、八億五〇〇〇万件も記載されている紙台帳やマイクロフィルムなどをベースにして、社会保険庁の職員は、アルバイトなども使って一件一件コンピュータに打ち込んでいった。大変な作業だ。当然入力のミスも生まれる。もちろん社会保険庁の管理責任は徹底的に問われるべきだが、これらのミスがいわゆる、「宙に浮いた年金」「消えた年金」を誘発した面を否定できないのである。

●問題は、〝問題解決を速やかに行えないシステム〟そのものにある

そろそろ日本の社会保障のあり方を民間の保険会社などを主体としたアメリカ型にするか、「ゆりかごから墓場まで」で手厚い保障を維持するために国民の税率を高める北欧型にするのか、選択の時期にきているのではないかと考えている。スウェーデンは高福祉国家として知られている。だが、その制度を支えるためには、現役世代の給料から七〇%～八〇%近くの負担を強い、社会保障関連の財源にあてている。だが、現在の社会保障を維持するために、日本で果たしてこれだけの負担をお願いすることができるのだろうか。あるいはまた、現状を維持するために、さ

らに借金を重ね、負担の遺産を次世代に押し付けていいのだろうか。私はそうは思わないのである。

日本の年金制度は三つの大きな特徴がある。「国民皆年金」「社会保険方式」「世代間扶養」がそれである。

「国民皆年金」というのは読んで字のごとく、自営業者や無業者も含めて国民すべてが年金制度に加入し、基礎年金を受け取ることができるシステム。「社会保険方式」とは、加入者がそれぞれ保険料を出しあって、それに応じて年金給付を受ける仕組みである。したがって基本的には保険料を納めなければ年金を受け取ることはできない。また納めた期間が長ければ長いほど、支給される年金額も多くなる。

「世代間扶養」というのは、現役世代の保険料で高齢者世代を支えるという考え方を言う。かつては歳を取った親を一人ひとりが私的に面倒をみてきたが、親の扶養や仕送りを社会全体の仕組みに広げたのが、この世代間扶養という考え方である。つまり、納めた金額を後でもらうというのではなく、現役世代の人たちが老後の世代の人たちに払い、彼らの老後を支えるということを意味している。

この方式を採用しているから、かつては払った金額の八倍くらいは受け取ることができた。それは現役世代八人が受給者一人を支える時代だったからである。現在はどうか。高齢化と少子化で四人に一人が小中高生などの二〇歳未満。四人に一人が六五歳以上の高齢者。つまり、二人で一人を支える時代なのだ。その結果、せいぜい二～三倍の額しかもらえなくなる。二倍ではなく、二～三倍といったのは、二〇〇九年から基礎年金の二分の一を国が負担することになったからだ。それまでは三分の一だったが、国の負担を増やしたのである。この財源をどこからもってきたか。これも借金する以外に方法がなく、借金は毎年膨らむ一方なのである。

●負担と給付（受益）のバランスが完全に狂っている

年金、医療、介護を皆公的保険でやっているのは日本くらいのものである。アメリカはご存知のように、例えば医療なら、契約した民間の保険会社が支払っている。病気になり入院し手術などが必要になると契約している民間の保険会社が医療費を払う。年金も四〇一K確定拠出型で自分のファンドで資金を運用する。ところが日本は社会保障のすべてを国の皆保険でまかなうシステムなのだ。

社会保障というのは詰まるところ負担と給付（受益）の問題である。ところが、少子高齢化で現役世代が減る一方で、高齢者への社会保障が増加の一途をたどってきた。その結果、日本の社会保障はもうもたないところまできてしまったのだ。負担と給付のバランスが完全に狂っているのだ。

こんな話をよく聞く。地方で老人が亡くなる。そのとき、普段顔さえも見せたことのない息子や娘だという人が都会からやってくる。彼らはまず役所に行き、印鑑証明を取る。銀行からお金を引き出すためだ。この老人がこつこつため込んだお金が二〇〇〇万円から三〇〇〇万円はあると言う。いわゆる枕預金と呼ばれるものだ。医療、年金、介護を手厚くやると、これくらいの貯蓄ができてしまうというわけだ。六五歳以上の一人当たりの社会保障関連の給付が年間二五〇万円。夫婦で五〇〇万円である。もちろん、すべてがこうではない。経済的に厳しい人も多い。だが、これは特殊な事例ではないと言うのだ。これは無駄なのではないだろうか。

財政面からいうと高齢者は決して弱者ではない。一四〇〇兆円といわれている個人金融資産のうちの三分の二を高齢者が所有しているという。受益者負担というものを考え直す時期にきているのだ。しかし、日本の社会保障の負担と給付(受益)の実態、財政の危機的状況は一向に改まっていないのである。

●社会保障を一セットでとらえる「カフェテリア方式」

さて、ここからが私の提案である。私は年金、医療、介護を一セットにして考えるべきだと思っている。これらを選択可能なものにするのだ。これを「カフェテリア方式」という。私の古くからの友人で尊敬もしている鴨下一郎《かもしたいちろう》氏(衆院議員・心療内科医)が提案しているプランで、私も基本的に賛同している。

簡単にいうと、一律に五〇〇円の弁当をもらうのではなく、五〇〇円の金券を事前に渡されて、その中から好きなものを注文するシステム。和定食を食べたい人、洋食やパスタを注文したい人、あるいは、いまはサンドイッチと飲み物程度でいいと感じている人など、いろいろだろう。カフェテリアのショーウィンドウとメニューを眺めつつ、自由に選択できるのである。

これを社会保障に置き換える。例えば一〇ポイントを最初に手渡されるのである。老後に受け取る年金が多いことを安心と感じる方もいれば、年金額は少なくてもいいから、医療や介護を手厚くしてほしいと望む人もいるだろう。最低限の給付・サービスは一律としたうえで、それ以上の部分については本人がどの分野(医療、年金、介護etc.)で手厚い給付を受けるか選択できる仕組みにする。例えば、医療に三、年金に五、介護に二という具合にポイントをそれぞれの人生設計や現状にあった形で振り分け、社会保障のサービスを受け取るのである。

鴨下氏が厚生労働省を通じて調べたところ、こんなことがわかった。要介護度四以上でかつ意思疎通が困難なほど認知症が進んでいる人は、二〇〇一年の時点で、二三万人いたと言う。その約九割が月額一万五〇〇〇円以上の年金を受け取っていた。中には、本人が介護施設で高コストのケアを受ける一方で、本人の年金を親族が承諾なしに使うこともあるという。現役世代の貴重な負担を有効に活用するには、年金給付の一部を介護に回すなどの工夫も必要であるというのだ。

カフェテリア方式のすぐれた点はいくつかある。なかでも大きな利点は、無駄を防ぎ、予防による医療費の抑制にプラスに働くという点。つまり、医療機関への受診が少ない人は老後に割り増しの年金を受け取れるという仕組みも考えられるのだ。こうすることで無駄な受診を抑えるとともに、健康維持へのやる気も引き出すことができる。厚生労働省が目指す「予防による医療費の抑制」にも、貢献することができるのである。

社会保障は世代間の支えあいである。少子高齢化の時代にあって、現役世代の負担を軽減し、高齢者の給付をできる限り抑えるというのは、並大抵の努力ではなしえない。誰もが笑顔になれない改革を続けていくしかないのである。

しかし、誰もが納得のできるものであるのなら、耐えることもできる。また納得した上でなら、前向きの努力も可能なのである。

従来の社会保障が「一方的なサービスの押し付け」である側面をもつことは否定できない。国民の立場でニーズを把握し、自己選択が可能な制度に変えるのが信頼できる回復の道だといえるのではないだろうか。年金、医療、介護などの各制度を一体的に一セットとして統合し、運用していくカフェテリア方式は、社会保障のあり方を前向きに考えさせてくれる可能性を大いに秘めているのである。

第九章　未来を予感させる新しい地方自治の視点

■これからの日本の地方自治のあり方に関する試論

生活はとても重要である。その生活は、仕事をし、稼ぎ、お金を糧にすることで支えられている。お金に関心が向かうのは当然である。経済成長のさまざまな指標も、基本的にはお金で換算される。

お金に対する意識は、社会のあり方に大きな影響を及ぼしているのだ。ここでいう社会は、国家、地方自治と置き換えてもいいだろう。

しかし、これで十分なのだろうか。重要な点が欠落しているのではないか。危惧しているのは、お金以外の、「市場に乗らないもの」が見えなくなっているのではないかということである。実はこの「市場に乗らないもの」が、お金を稼ぐベースとして大きく機能しているのである。このことを忘れてはならない。

●国や政府が真に供給すべきものは何か

「市場に乗らないもの」、それは治安、国防、社会保障、教育といったものである。これらは国、政府が供給している。ところが、あまりにも当然のようにあらかじめ用意されているために、それに対する認識が希薄になっているのではないか。そう思うのである。

高度成長の夢をもう一度！　と望む人は多い。だが、かつての高度成長時代を再現するのは不可能である。歴史を引き戻すことはできないのだ。

あのときの夢をもう一度と望む人の多くは、現実を直視することなく、昔のような高度成長はできないのにもかかわらず、なんとか昔のように自分たちの生活を良くしてもらい、もっと稼げるようにしてほしい、景気を良くしてほしいと要求する。切実な願いとして、よく理解できる。ごもっともなことなのである。だが、国や政府が真に供給すべきものは何かをよく考える必要があるのではないだろうか。

一時、国や政府が教育にもっと投資すべきだという議論があった。その典型として、お金をかけた教育を受けるべきだ、あるいはお金をかけることが教育だという誤った見方があった。社会に生きる人間にとって、国家が真に供給すべきものは何か、その意味を強く意識し、もう一度真剣に考え直す時期にきている。これからの地方自治のあり方を考えるとき、このような意識がとても重要な意味をもってくるのである。

●戦後の地方自治制度は制度疲労をきたしている

日本国憲法に地方自治の章が設けられ、地方自治が戦後の国家に制度的に組み込まれた。ただ、このことはあくまで制度が導入されたということであり、地方自治の推進とは別の問題である。むしろこれまでは、制度を守ることが地方自治制度を推進することだったのである。制度の導入時と現在では、実態がかなり変わってきている。むしろ、戦後の地方自治制度は、制度疲労をきたしているといっていい。制度自体を見直す時期にきているのである。

例えばいま日本には四七都道府県がある。ひとくちに都道府県といっても、鳥取県(人口五九万人)から東京都(人口一三一六万人)まで幅広い規模に及び、実態としても大きな差が存在している。市町村に至っては、さらにその差が激しい。規模、財政力、行政能力、あるいは人材能力などの格差が拡大しているのである。財政的には、北海道の夕張市のように財政再建団体に指定されたところもあれば、人的能力の面から考えると、人材がほとんどいない地域もある。首長にしても優秀なところもあれば、うまくリーダーシップを発揮できないところもある。地域住民の意向や時代にそぐわない首長もいるだろう。このように、地方自治の環境も格差も拡大しているのである。

●総合行政主体としての地方自治が限界

日本の自治体の大きな特徴は、外国とは異なり、市町村も総合行政主体として位置づけられていることである。そこでは、福祉も公共事業も扱う。つまり、福祉、医療、公共事業のどれかを担当するというものではない。何もかもすべてやらなければならないのだ。しかし、お金があるときはそれが可能であった。だが、総合行政主体として位置づけられているためにこういう時代になると立ち行かなくなるのである。つまり、総合行政主体としての地方自治が限界にきているのである。

これまで国の政策として、市町村合併をかなり強力に推進してきた。その結果、都道府県では、都市が成長したのである。相対的に周辺の町村などと比べ、都市に人も機能も集中する。ここにちょっと困った問題が起きるのだ。地方自治体内部における役割と機能の重複である。

都府県の中には複数の政令都市を抱えている県も増えている。そうすると県はいったい何をやるものなのか、県の役割が見えにくくなってくるのである。これまでは市町村、都道府県という二層性が確立されていたが、現在は都市に住んでいる人が多い。そのため県の存在感が希薄になってくる。つまり、「県って何なの？」ということになるのだ。市町村合併や都市の成長によって、都道府県の役割が相対化してきたからである。

同時に、一緒に暮らしているはずの住人の共同体意識も希薄になっている。特に農村部、中山間部、離島などに顕著になっている。これまでは共同体としての意識が強かったために、〝仲間、同郷同士〟で何とか生活を支えてきた。ところが現在は、核家族化の進展、高齢化、限界集落の出現などにより、これまで存在していたような、お金はあまりないけれども、助けあいながら生活はやっていけるというような共同体の力＝意識が弱くなってきたのである。

さてどうするのか。お金で面倒をみるのか。介護保険などが典型的な例だが、介護の共同体的な機能が弱くなったために、〝介護のためのお金〟で面倒をみる必要に迫られたのである。では、お金がないところはどうなるのか。お金がないと、〝金の切れ目が共同体の切れ目〟となる危険性が増大する。これは大きな問題なのである。

現在、国全体のお金(財政)が逼迫しているために国と地方という二項対立で、どちらがお金を獲るかという図式が際立っている。国か地方か、いや地方のほうが余裕があるとか、無駄があるとか、二項対立の図式をマスコミも含めて煽るのである。本来、「国がなければ地方がない。地方がなければ国がない」のが大前提だ。だが、二項対立の図式の中で議論されているために、出口がなかなか見えてこない。このような問題が表面化してきているのである。

●これからの地方自治―護送船団方式の「自治体行政」から「自治行政」へのチェンジ

地方自治に関する提案を試みることにしよう。

総論的には、地方自治体を制度的に保障するという従来の方向を、実態に目を向けて住民サイドからみた地方自治の実質的保障へ切り替えなければならないということである。地方自治の「制度的保障」から「実質的保障」への切り替えである。従来の自治体を守る、あるいは県や制度を守るのではなく、「自治を守る」という点に主眼を置くのである。いわゆる自治行政への転換である。極端にいえば「（従来の）自治体を守れなくとも、（本来あるべき）自治を守ればいい」ということである。言葉を代えれば、護送船団方式の「自治体行政」から「自治行政」へのチェンジである。ここでは自治の多様化が保障される。担い手は別に自治体でなくてもいい。つまり、これまでの県、市町村という自治体の姿である必要はないのである。

自治は多様化の方向に進むだろう。私は、自治の担い手の多元化、地方自治制度の弾力化の方向に進むべきだと考えている。

そうすると自治体制度というのは地方の実情に応じ、もう少し〝まだら〟な制度を入れたほうがいい場合も出てくるだろう。「まだら分権」「まだら地方自治制度」のような方向に向かうのである。その中で、いわゆる「三ゲン」と呼ばれる「権限、財源、人間（人材）」を充実させ、地方自治を推進させる。そして、地方自治と国政をリンクさせるのである。地方自治の担い手は地方自治体、国政の担い手は国家ということではなく、もう少し国政と地方自治をリンクさせる必要が生じてくるだろう。

●基幹財源を背景としたこれからの広域自治体

現在の都道府県は、それぞれの役割があいまいになってきている。例えば、県というのはいったいどういう行政機関なのかということが議論されなければならない。その行政機関は産業、雇用、環境、医療、教育など、何に責任をもつのかが問われなければならない。

道州制の議論と関係してくるが、広域自治体、都道府県に関し、産業政策は国がやるのではなく道州の責任でやる、あるいは雇用問題は広域自治体が担うなど、役割と責任を新たな視点に立って明確にするのである。文教政策はどこどこがやる、あるいは医療教育、特に国保の運営について市町村あるいは、県のどちらかが担当するなどである。

現在、県の教育委員会が教育制度を支えているが、実態は責任をもってやり抜くという制度になっていない。教育制度についても、どこがどういうふうに責任をもつのかという議論が必要になってくるだろう。

当然のことだが、これらは基幹財源とリンクさせながら議論を進めなければならない。現在の都道府県の問題点は、財源があまりにも乏しく、基盤が脆弱な点にある。固定資産税、住民税など基幹税はしっかりとしているが、県の場合はいろいろと複雑に交じりあっている。さまざまな税の種類があるのだが、どれが基幹税なのか、それは何ゆえそうなのか、この点についての議論がない。法人を視野に置いた産業振興を推進するということであれば、法人課税が課題となる。環境政策に責任をもつということであれば、環境税などが必要になるだろう。医療であれば地方消費税でまかなうのか、保険でいくのかなど、現時点では明確ではないが基幹財源と関連事業との関連付けが必要になってくるのは言うまでもない。

●参議院の選挙制度とのリンクも視野に入ってくる──新たな地域の代表

道州制についてさまざまな議論がある。だが、その目指すところがはっきりとしていない。道州制を効率化の観点から論じる傾向がかなりあるが、そうではない。道州制とは、都道府県合併なのか、そうではなくあくまでも道州制なのかという議論が必要になってくる。

キーポイントは、分権化である。国のもつ権限を分権化するという観点で道州制があると認識すべきである。単純に四七都道府県が九つか一〇になれば効率的になるというのでは、むしろ都道府県合併レベルの話である。そうではなく国を分割させる、霞が関を分割させる。そして分権化させるという意味でとらえ、議論しなければならないだろう。効率化の観点と分権化の観点をしっかりと押さえる必要がある。

市町村に関する議論とも関係するが、先ほども書いたように都市が成長してくると県の存在が相対的に希薄化してくる。都市以外の町村部については、広域自治体の直轄統治にするというような議論が必要なのではないだろうか。特に離島、耕作放棄地が溢れている中山間地などは、財政基盤の弱い市町村が面倒をみるのは無理である。これらについては垂直補完(広域自治体による直轄統治)のような制度を設ける必要も出てくるかもしれない。また、安全保障の観点から、戦略上必要な離島など、国が直轄統治するという選択も考えられるだろう。

公益自治体の方向性を考えるとき、選挙制度、特に参議院の選挙制度とのリンクも視野に入ってくるはずだ。参議院議員を地域代表にするなどが考えられる。これまでは、県に配分される議席数があるが、もう少し強化して、地域代表が入るなど、地方制度とリンクさせることも新しい地方自治の時代のニーズに合致するのではないだろうか。

●これからの「基礎自治体」—補完性の原理に基づく自治体中心主義

これからの基礎自治体は、住民に近い形で、補完性の原理に基づく自治体中心主義の方向に向かっていくと考えられる。これまで市町村合併によって市町村の存在を強化してきたが、現在は合併できるところはほとんど合併してしまった。これ以上強制的に合併を促してもエリアが広くなるだけである。形だけ市町村が大きくなったということでは意味がない。現在の姿がほぼ最終形に近いのかもしれない。これからは実態に即してやっていく必要がある。

都市が地域を支えるようになるのは間違いない。だからといって負担がある一つの都市に限られるのではない。都市圏という、市及びその周辺の都市圏で支えるという考え方が必要である。実際、市には周辺の市町村から人が通ってくる。通勤、通学、買い物、レジャー……。そういう人たち全体を含めた生活圏をどのように支えるのかという観点が重要である。

お金に関していえば、都市の行政が都市から、つまり都市住民から上がってくる税金だけで賄う必要はない。その周りの生活圏の人々からお金を集めて都市圏が生活圏を形成し、地域を支えるのである。生活圏に根ざした自治体を基礎にする考え方である。

成長した大都市、特に政令指定都市や広域自治体は環境をもう一度見直したほうがいいだろう。政令市の上に県がかぶるという構造が本当によいのかどうか検討されねばならない。

先に中山間地、離島などに対する支援は垂直補完、つまり広域自治体あるいは国が面倒をみるということを書いたが、都市が周辺の市町村の面倒をみるという水平補完の議論もありうるだろう。水平補完の制度、いわゆる役割の代行である。

選挙制度についてもう一度触れてみよう。現在は、どんな小さな地域でも長と議員が両方ともに選挙で選ばれる制度を用いて日本全国津々浦々で展開されている。だが、自治の多様性という観点からいって、このような制度を維持し続けるのが妥当なのかどうか、議論があるべきところである。場合によっては、シティ・マネージャーという形で委託された人物が行政を執行するやり方もある。また、議会については一部ボランティアでの参加というのも考えられるだろう。長と議会の二元代表制義務付けの見直しや、緩和が必要なのではないだろうか。住民自治を強化するという目的のもとに自治体に限らず、ボランティア、ＮＰＯ組織などに一部公共的な役割を担ってもらうことも必要になるだろう。

民主党は、「新しい公共」を提案しているが、精神としては正しい方向である。だが、問題は財源。民主党の考える「新しい公共」にどういう財源をあてるのかということを考えるべきである。いずれは自前の財源をどうやって稼ぐのかということが重要になってくるはずだ。自治制度の多元化、弾力化とは何か。それを考えることによって、今後の新たな地方自治の方向が見えてくるのではないかと思うのである。

第一〇章　このままではいけない。迫られる農業改革

■日本の食糧自給率は先進国の中で最低水準

日本の食糧自給率（カロリーベース）は四一％で、先進国の中では最低水準にある。天候不順の影響で、二〇〇九年度四〇％、二〇一〇年度三九％と四〇％台を割ったが、農林水産省は今後一〇年間の農業政策の基本方針として、二〇年後には五〇％に引き上げることなどを目標に掲げている。

日本の自給率を下げている原因の一つは輸入である。例えば食肉用の豚についてみてみよう。輸入されている豚肉は四八％。国内で生産されている豚肉は五二％である。ところがこの国内産の豚肉のうち四七％分は輸入されている飼料を使用している。日本で育っているが、食べている飼料は輸入飼料。つまり、輸入飼料で肉が育っていることになる。純粋に日本の飼料を使用して

育っている純国産豚肉はわずかに五％なのである。

一九六五（昭和四〇）年、つい四十数年前のことだが、日本の食糧自給率は七三％あった。それが二〇〇七年には四〇％である。現在はわずかに上がって四一％だが、大きく異なっているのが、消費量の割合である。どこが違うかといえば、①米の消費量の半減、②畜産物の増加、③油脂類（バター、マーガリン、サラダ油など）の増加などが挙げられる。特に米は、一〇九〇キロカロリーから五九七キロカロリーと半減している。もし日本の国民が、現在の食生活の中で、毎日一膳ずつお茶碗でご飯を多く食べれば自給率は八％アップするという。ご飯茶碗一杯の米の値段は一五円ほどだ。デニッシュなどのパンなら一〇〇円以上はするだろう。

●日本の食糧自給率一〇〇％は可能か？

自給率というのはある種、考え方でもある。現状でも一〇〇％にすることはできないことではない。例えば現在の国民が、戦中、終戦直後のように芋がゆ、すいとんなどで満足できるなら、それは可能だ。だが、これは現実的ではないだろう。

日本の農地は四六五万ヘクタール。自給率一〇〇％にするために輸入されている農産物のすべてを農地面積に換算すると一二〇〇万ヘクタールが必要になる。休閑地もあるが、現在の二・五倍以上の耕地面積が必要になる。これでは農地はショートしてしまうのだ。不可能といっていい。

では、外国に農地を借り、そこで生産すればいいという議論もある。確かにその例はないわけではない。だが、平時に限ってのことである。それに依存しすぎると紛争や政治的トラブルが発生した場合、日本に届かなくなってしまうだろう。食糧は安全保障に直結しているのである。

では日本の自給率を現実的に考えた場合どうなるのか。それはせいぜい五三%くらいだといわれている。現在の食生活を継続する限り、自給率一〇〇%にするためには人口が多すぎるのである。

■戦後農政の問題点と今後の対応策

農業全般の議論になると、このままでは日本の農業は壊滅するという意見が強いが、その議論はしばらく置いておくとして、新たな可能性を示し始めているのも事実である。

畜産、野菜に関してはEU並みの生産性を実現しているのだ。問題は、土地利用型農業といわれている米、麦、大豆などである。現在、米は全農業産出額(二〇〇七年、八二〇〇億円)の二割にとどまっている。主な品目別シェアは、米二二%、野菜二五%、果実九%、花卉五%、畜産三〇%、その他九%である。

ところが米の場合、産業としての産出額は減っているのに、かかわっている人が多いのだ。その分、政治的発言力、影響力があるといえる。これに対して畜産、園芸の主業農家の産出額は、全農業産出額の八割を超えている。これらは専業農家が担い手だ。一方で稲作は、主業農家の四割弱。残りの六割は兼業農家が担っている。産業構造の改革が遅れているのである。稲作の規模の拡大の遅れについては、次に見ていくことにしよう。

●産業としての農業の構造改革が遅れた理由

戦後の農業は、それぞれの部門で急速に規模の拡大を図ってきた。農家一戸当たりの平均経営規模は、一九五五(昭和三〇)年を基準にした場合、稲作はほとんど変わらない。だが、酪農、肉用牛がほぼ三〇倍、養豚に至っては八〇〇倍に規模を拡大している。稲作農家の平均耕地面積の拡大割合を都道府県別で比較しても、北海道が四倍以上に達したのに対し他の府県ではほとんど拡大していない。理由は、米の食管制度が戦後にも残っていたことによる。いわゆる五五年体制のもとで、米を巡る問題が政治運動化し、生産者米価が極めて高水準に維持される。農業に従事する人は、農業からなかなか離れられなかったのである。

もう一つ理由がある。高度成長期に土地に対する需要が高まり、土地の値段が急上昇した。そこで、農家が資産として土地を保有するようになったのである。農地に対する開発規制も緩く、農地の資産的価値としての保有を助長した側面も見逃せないだろう。農家はますます農地を手放さなくなったのである。また、道路網が発達したことで、距離的に離れたところの農地でも作付けが可能になった。兼業ができるようになったのである。これらが稲作を中心に産業構造の改革が遅れてきた理由である。だが、これでいいのだろうか。

●農地面積の減少と耕作放棄地の増大

ある産業を促進するために国が土地を供給することは必要である。疑うまでもなく、農地は農業基盤の基本である。だが、現在の農地は次のような問題を抱えているのだ。

一つ目は、農地面積の減少である。農地の総面積は、一九六〇年に六〇八万ヘクタールあったものが、二〇〇七年は四六五万ヘクタールに減っている。

二つ目は、産業基盤としての農地が相当傷んでいる状況がある。農地が減っているのにもかかわらず、使用されていない農地が増えているのである。従事者の高齢化、労働力不足により、現在、耕作放棄地の面積が東京都の一・八倍、埼玉県の全面積に匹敵する農地が放棄されているのだ。これは産業としての土地利用の面からも由々しき事態である。

三つ目が、米の需給ギャップの拡大である。昔は一人だいたい年間二俵(一俵＝六〇キログラム)の米を食べていた。いまは一俵はおろか、その半分以下である。これは食生活の高度化、多様化に伴ったものである。他方で、水田面積は従来とほとんど変わっていない。受給ギャップが拡大するのは当然である。だが、農家からすると先祖代々伝わる水田があるのに、自由に米がつくれないという心情的不満がくすぶる。その気持ちは理解できるのである。

かつては食管制度があった。しかし、国が米を全量買い入れるために、国が在庫をもつようになってしまったのである。過去に過剰在庫を二度抱えたことがる。昭和四〇年代、五〇年代の中期にそれが起こった。そのときにトータルで三兆円の損益が発生したのである。こういった事態を解消するために、生産調整を政治主導で実施してきたのである。食管制度は一九九五年ガットのウルグアイラウンド交渉で、外国産米を輸入したことにより廃止されたのである。

需給関係の調整は、基本的にはマーケットメカニズムで行うのが原則である。だが、引き続き政府主導での生産調整が行われ現在に至っているのだ。

四つ目が担い手の高齢化である。農家戸数や農家就業人口が減るというのは当然であるが、残った農業労働力の六六歳以上が六割以上を占めている。これで安定した産業として成り立つのかが問題である。このままの状態で、一〇年先を見通すとすれば、それは恐怖さえ伴うのである。

●日本の食糧政策をどう進めるのか—今後の対応策

日本は食糧の六割を海外に依存している。世界の食糧事情から考えると、急激な人口増とは対照的に、農地面積はもう増やせないだろう。砂漠化も進んでいる。単収のアップ、品種改良、かんがい施設の整備、化学肥料・農薬の大量使用など、何とかこれまで需給を均衡させてきた。だが、単収のアップは限界にきている。

さて、これまでのように経済先進国が経済力を背景に、国際市場から食糧の調達が可能かというと、大きな疑問符が付く。日本としても、食糧政策をどう考えるか問われているのである。

私はこう考える。十分とは言えないまでも、いま残された農地、農業の担い手、農業技術といったものを守り、一定の食糧供給力を維持していく。一〇〇％の自給率は無理だが、こういったものを資源としてもっていることが安全保障上も必要であり、また、外交力を高めていくためにも不可欠なのである。

●これからの農業のための方策

優良農地の確保について考えてみる。ポイントは以下の三点である。

1. 優良農地の保全
2. 土地利用型農業の担い手の育成、確保
3. 農業政策のバラマキの見直し

1の優良農地の保全については、ひと言でいうと日本の開発規制は甘いと言わざるをえない。その結果、転用が進み、農家による農地の資産保有のために土地が流動化しなかったのである。

つまり、農地の資産的保有を助長してしまったのである。規制をもう少し強める必要があるだろう。耕作放棄地や作付けしていない農地が二〇万ヘクタールある。こういったものを農地として活用しないと、農地としての、ひいては産業としての機能が失われてしまうのだ。だから、何らかの作物を生産させなければならない。だが、これには一定のコストがかかる。例えば麦、大豆である。これらの作物は、自給率が一割を切っている。これらについては、何らかの財政支援をし、補填をしながら作付けを継続してもらい、農地を保全していく方向性が必要だろう。

●民主党の「農家の戸別所得補償制度」は時代に逆行している

土地利用型というのは、田畑を必要とする農業のことで、略農牧畜などと区別するための用語である。土地利用型農業の担い手の問題が大きくクローズアップされている。これは農業政策のバラマキの見直しともリンクしてくる。全国の農家の規模の平均は一ヘクタール強。これらはほとんどが赤字である。戸別所得補償制度は零細農家まで救うというが、農業を産業という視点でとらえた場合、このような状況を維持することが本当に適切なのだろうか。

大雑把ではあるが時給で計算すると〇・五ヘクタール未満は赤字。一方で一〇～一五ヘクタールだと、時給で三〇〇〇円くらいに相当する。三〇〇〇円というと一級建築士くらいのレベルの時給だろう。このレベルまでもってくると、産業として十分に成立するのである。

農家の戸別所得補償は産業として育てる目標に逆行する政策と言わなければならない。農家の足腰を弱めてしまうのだ。少なくとも、貴重な財政資源を、先細りにする部分に投入するという点でも非効率である。

産業として成立している農家は問題ないが、数からいうと小規模の農家が圧倒的に多い。しかしその数が多いために政治的発言力が強くなるのである。票という点からすると、これらの層に受け入れられない政策はマイナスになるだろう。

私の地元であるＪＡ愛媛は、農家の戸別所得補償は農業政策としては時代に逆行していると認識している。ちょっと考えるとわかることがなぜ民主党にわからないのだろうか。

そもそも農家の戸別所得補償制度は、民主党が選挙対策として打ち出したものである。戸数からいえば利益を受ける人が多いが、そういうところは後継者もいないような農家である。産業としての将来性がないのにもかかわらず、いま現在は得する人が多いからやっている。これは政治と行政が一番やってはいけないことなのである。子ども手当、高校の無償化、高速道路の無料化、そしてこの農家の戸別所得補償のいわゆる四Ｋが民主党の四大バラマキといわれる所以である。

●農家の担い手をどう育成するのか

企業参入を進めることが重要である。そして、集落で担っていくように促すこと。このようなシステムを確立することで高齢者も吸収できるからである。

また、生産調整の主体を政府主導から生産者主導に切り替えることも必要だ。こうすれば生産者自身がマーケットのシグナルを感じ取るようになるだろう。ＪＡ(旧農協)が戸別所得補償に否定的な理由はいくつかあるが、戸別所得補償制度が生産調整を実施した農家を対象とした仕組みであると同時に、建前上は生産調整との選択制になっていることにある。農家がいちばん恐れているのは、価格の暴落であり、そのための選択制なのである。生産調整をきっちりとやり、価格を維持すべきだというのが農協の立場なのだ。ＪＡとしては、小規模農家に補償金を再分配しているからおかしいとはなかなかいいにくい。だが、後継者育成にも効果が薄く、弱体化し高齢化する農業を補償し、維持するのがいいことなのか。こうなると話は別だ。真剣に議論しなければならない問題であることに変わりはない。

ちなみに、農業従事者は約二五〇万人。全有権者の二・五%である。ＪＡ組合員数は九五〇万人。政党にとってこの票田は魅力なのである。

●貿易の拡大と食糧自給率向上の二律背反超克のために

二国間あるいは多国間の貿易交渉に基づく貿易の拡大に関する限り、農業が足を引っ張っていることは否定できない。このため国民の理解を得ながら、外国農産物の輸入の拡大を進めなければならない。しかし一方で、食糧の自給率を高める政策努力が肝要なのは、これまで述べてきた通りである。この両立は難しい課題には違いないが、ぜひ遂行しなければならないだろう。そのためには、単なるバラマキではない、所得が低下した場合の産業育成のための補填の仕組みを導入することも考えていかねばならないだろう。食糧自給と安全保障について十分考慮した上で、同時に東アジアとの連携を進めていかなければならない。これはすべて国益にかかわる問題である。上記の補填も、産業としての農家を育成するためには必要なコストとして認識すべきなのである。

第一一章　孤立させない！地域活性化の試論

■規模の小さいところほど高齢化が進み若者も流出する

地域にとって一番悩ましいのは少子高齢化である。生産人口が減って高齢化がますます進む。国と自治体の抱える長期債務の問題も国民の中で不安感のもとになっているが、景気が低迷する中で二〇〇五年頃から人口が減りだしている。団塊の世代のリタイアも始まる。これらを相乗的にとらえて不安感を語ることが多くなっているのだ。少子高齢化は、地域で暮らす方々にとっては、時間を経るごとに実感を伴って迫ってくる切実な問題となっているのだ。

二〇一〇年　年少人口一三％　生産年齢人口六四％　老年人口二三％

二〇三五年　年少人口九％　生産年齢人口五七％　老年人口三四％

全体的には、トータルの人口も減少し、移動人口も減っている。集中しているのは、例えば東京圏。地方部でも、地方の中枢都市に集まる傾向が顕著になっている。人口規模と高齢化の比率を見ても、規模の小さいところはどんどん高齢化が進み、若者も流出している。

一方で、シャッター商店街などとよく言われるが、規模の小さい地方部における小売業の売り場面積を見ても駅の周辺、あるいは市街地の立地の減少が数字的にも顕著になっている。

住宅ストックに関して言えば、一貫して増加している。だが、空家率は同時に増加しているのだ。これは街の中心部の衰退と密接にリンクしている。これにより公共交通の廃止も含めて公共サービスの低下が起こってくるのである。

高齢者は将来的にもその地域で暮らしたいという希望をもっている。だが、東京近郊でも多摩ニュータウンが大きな問題になっている。高度成長期にできたもので、完成した当初は、核家族中心の若い街ということで賑わいもあった。だが、若者が流出し、東京周辺部であっても老人が集中する陸の孤島のような状態になっているのである。働く人も少ないので路線バスも消えていく。また、丘の上なので気軽に外出もできない。このようなことが現実に起きているのだ。

●転換された「国土の均衡ある発展」

地方部であっても若年層の働く場が整えば、わざわざ都会に出ていく必要もないだろう。子育ての環境としても申し分ない。利点は多いはずだ。「親と一緒には住みたくないが、近くには住みたい」という意識をもつ若者も増えている。働く場があれば、生まれた土地を離れるという動機も減じるだろう。

では、このように寂れていく地方都市をどうしたらいいのだろうか。そして、雇用はどうするのか。処方箋はいろいろあるが、まず考えなければならないのは、どのように地域を再生させるかである。国土交通省はこれまで、「国土の均衡ある発展」と言ってきた。だが、この政策理念は、あまりに理想論に過ぎるだろう。全国が同じように発展することが果たしていいことなのかどうか。画一的な発展は魅力に乏しい。地域の特色は薄れるばかりである。また、「隣は飛行場があるのになぜうちはないのか。博物館も建てたい」という〝均衡〟のための要求は際限がなくなるのである。このような反省があったのかどうかは定かではないが、この政策理念はすでに転換されている。地域のもち味を活かして、それぞれで発展してもらうしかないのである。というより、均衡理念を現実的な政策として支えることが、財政面からできなくなっているからである。

●固まって、寄せて住む時代

インフラ投資もこれからはできなくなる。インフラの維持管理やその更新だけで手一杯になっているのだ。二〇一〇年以降の維持管理、更新費の伸びはゼロ。維持管理費の占める割合は同年で五〇％だが、二〇三七年では投資可能総額を上回る。つまり維持していくだけで精一杯という状態になっているのだ。もちろん新設はできない。社会資本でどんどん新しいものをつくり、広げていくということはもうできないのである。

ではどうするのか。ひと言で言えばコンパクトシティをつくることである。コンパクトシティとは、都市機能が集積したアクセスしやすい小規模な「生活拠点」のこと。広く薄く広がったこれまでの拡散型の都市構造を改める時期にきているのだ。もう限界集落や山の上などに住むのをやめてもらうことなのである。もちろん、直ちにできることではない。土地への愛着もあるだろう。しかし、雇用や産業が失われた土地では、生活が立ち行かなくなるのは目に見えている。これからは地方都市の中心部に誘導する政策が必要になる。世代交代を見通して住み替えをしていただくのである。いわば、固まって、寄せて住んでもらうのだ。

ヨーロッパでは都市は城壁で囲まれ、その中にさまざまな機能が集約されている。郊外には農村も広がり、ぽつんぽつんと住んでいても共存は可能なのだ。どこでも好きに住んでもらうというのではなく、住み方、住む場所を変えてもらう必要がある。これは長期的にやっていかなければならないだろう。これらは政策的にやっていくべきだろう。そのためには中央の政治も必要だが、地方の強い政治力も不可欠である。

以前は、庭付きの家がもてるということで、郊外への居住をある意味では推奨してきた。ショッピングモールも郊外型が増えたが、このスタイルはもう限界に近づいているようだ。

高齢者に再び活躍してもらうということも考えなければならない。地域社会を支えるサービスはもう自治体だけで行うのは無理である。防災、防犯、子育て支援、高齢者福祉、地域交通、環境保全などの局面で、高齢者に活躍してもらうのである。自助、公助、共助の考え方である。幸いにして人々の社会貢献への志向は高まっているようだ。地方では、自治会、町内会、商店街、個人、ＮＰＯ、民間企業、大学などが私的利益にとどまらない公共的な機能を担っていく機運も高まっている。

ひと口に高齢者と言うが、いまの高齢者は思っている以上に元気である。休みがあり、時間もお金もある。五〇代、六〇代を越えた世代でもどんどん旅行に行く。インターネットも半数以上が使えるのである。街をコンパクトにしながら、高齢者の方に街のサービスインフラの役割も手伝ってもらう。このようなことを仕掛けていくことが大事なのではないだろうか。

●空間スケールの観点から逆に地域を見直す

地域の職場、雇用の創出は大変難しい。省庁の枠の中だけではなかなか解決できない問題である。だが、町起こしもいい、地域再生もいいことだが、少し考え方を変える必要があるのではないだろうか。スケールをいろいろ変えて考えていくことも必要だ。国内という視点だけではなく、アジアの空間スケールの中で考える必要もあるのではないだろうか。

人口と域内の航空旅客数を比較してみよう（二〇〇四年）。人口は、日中韓で一五億人弱、アメリカで三億人弱、ＥＵは四億五〇〇〇万人。ところが、域内の航空旅客数は、日中韓で二億七〇〇〇万人、アメリカで六億三〇〇〇万人、ＥＵで四億三〇〇〇万人。域内の航空レベルでの移動を見ると、日中韓では米国のまだ半分に到達していないのである。

人間が集まる地域は、間違いなく経済的・産業的に発展する。そしてアジアで移動（交流）が始まるというのは前提としてみておくべきだろう。ＬＣＣ（ローコストキャリア＝格安航空）、この勢いは止まらないだろう。航空路線が下駄（日常的な足）代わりのようになりつつある。地方空港もこれから自由に経営してもらう時代になる。世界とのつながりの中で、地域や雇用のあり方も考えるべきだろう。

例えば、北海道はカナダのようにアジアのリゾート地になる。九州の別府は、韓国・中国の「Beppu」になる。北陸と極東ロシアもつながるだろう。地理的に近いところで新しい事業に結び付くことはたくさんある。地域、オールジャパン、グローバルという三つの観点から地域をもう一度見直す必要があると私は思っている。

●地方は国の根っこである

民主党政権は実は地域に対する考えはあまりないようだ。分権論の議論しか出てこないのである。自民党時代はいい意味でも悪い意味でも議員が地元に足を運び、この地域はここが足りない、これは地方単独の力ではできないから国も巻き込んでやろうという動きがあった。その結果、それぞれの地域に橋や道路ができ、インフラも整った。もちろん行き過ぎも確かにあった。均衡ある発展＝一律平等主義により、必要性の薄いところまで飛行場をつくったりもした。だが、民主党は党の中央でそれをやっている。

自民党政権は、税や予算など、みんなが集まってみんなが要望を出しあって、みんなの意見を聞きながらやってきた。いまの民主党にはこのようなエネルギーを感じないのである。地方からも何も上がってこない。それぞれの地方の住民の要望や願望、それらを吸い上げながらコントロールしていくのが政治である。要望や願望をどこが受け付けるのかもはっきりしない。政務三役かといえばそうでなかったりする。誰が聞いてくれるのか、誰がさばいてくれるのかわからないのだ。自民党時代は派閥でも族議員でも官僚でも、いい面はたくさんあった。だが、民主党はオールオアナッシングでやってしまった。族議員というのは別に利益代表のみを意味するのではなく、ある意味で建設や運輸、農業などのエキスパートだったのである。地域のパイプ役、あるいはそれに代わるものが民主党には育っていない。地方は国の根っこである。地域のことをどう見ていくのか、政策として何を選択していくのかは、国全体を活性化させる最重要課題なのである。

第二章　IT革命による三つの改革と社会保障番号の早期導入

■世界のトップに躍り出る大いなるチャンス

日本はIT先進国より一〇年遅れていると言われている。もちろんコンピュータ、エレクトロニクス、ネットワークなどに関する技術は世界最高水準である。遅れているのはその導入と活用である。だが、私は悲観してはいない。むしろチャンスであるとさえ思っている。なぜなら、この一〇年間、ハードはもちろん、運用やセキュリティの技術の進歩にはめざましいものがあったからだ。そして先行するIT先進国の、例えば電子政府の設立など、参考にすべき材料は山ほどある。これらをすべて分析、整理、統合、凝縮し、実行に移すことができるなら、日本はおそらく、世界最高のシステムを備えたIT先進国のトップに躍り出るはずなのである。これは夢でも希望でもない。実現可能な、目の前に広がる確かな明日なのである。

民主党政権は、税・社会保障の共通番号制度に関する閣僚級の検討会を開いているが、私は以前から住民基本台帳ネットワーク（住基ネット）を利用することを主張してきた。現在は、基礎年金番号、国民健康保険の被保険者証記号番号など年金社会保障の分野だけでも九〇種類以上の番号が使用され、管理の主体の省庁や地方自治体などもバラバラである。私はいまこそ住民基本台帳ネットワークやインターネットを活用したＩＴ生活革命を行うべきであると考えている。特に住基ネットシステムは、すでに国民全員に番号がある唯一の仕組みである。最初のシステムづくりだけですでに四〇〇億円かかっており、二重の投資を避けることもできる。

大きな狙いは三つ。一つは、国民生活の利便性の向上、二つ目は行政改革。そして三つ目は経済の活性化である。行政のＩＴ革命は生活革命でもある。これを行うことにより、日本の活力を高め、国力を向上させなければならない。意外に知られていないことだが、日本の行政のＩＴの活用度はとても低い。これを改良することが政治の役割というものだろう。

ダボス会議を主催するスイス・ジュネーブに本部を置く民間の非営利団体「世界経済フォーラム」（ＷＥＦ）が、競争力の向上に向けた各国でのＩＴ（情報技術）の活用度合いなどを評価した報告書を発表した（二〇〇九年）。それによると、日本は前年よりも順位を三つ上げたものの、一三四か国・地域の中で一七位。デンマークは三年連続でトップの座を守っている。もう一つのデータがある。「〝よりよい生活〟という点で、あなたはいまの行政に満足していますか？」（「各国の行政サービスの満足度調査」アンセンチュア、二〇〇八年）によると、「とても満足している」「満足している」は、先進国中最低水準の一二％。主要二一か国で二〇番目なのである。一位はシンガポール、二位アイルランド、三位カナダ。上位三か国は半数以上が満足と回答している。

問題は電子政府の立ち遅れにある。電子政府というと単に行政の効率化と受け取られがちだが、そうではない。国民生活全般の利便性の向上、経済活性化にかかわり、行政改革、経済活性化に大きな効果をもたらすものなのである。

周りを見回せば気付くだろうが、いま、行政手続は膨大な数にのぼり、国民や企業には重い負担を与えている。企業だけみても給与支払い報告書や年末調整、源泉徴収票の作成、雇用保険者離職証明書、健康保険資格喪失届の作成・提出など多種多様に広がっている。

こうした負担を解消する仕組みをつくるポイントは、個人のさまざまな情報を集めて利用できる仕組みの構築だ。電子政府の仕組みづくりを二〇〇〇年以降、国策で進めた韓国は、個人の住所、戸籍、国税などの情報を共同利用センターが管理するシステムを設けることで、行政と国民の負担を大きく減らした。例えば引越しをしても一度転入届を出すだけで、車両の保有や保険、福祉関係など一〇の情報が一括して変更される。さまざまな申請のための三四種類の添付書類が廃止されたという。

住所変更の届け出は、個人の側の了解があれば、電気、ガス、水道などに関連する企業や金融機関にも自動的に伝えられるから、個人と企業双方にとって手間の削減になり、生産性向上につながる。添付書類だけで年間四億四〇〇〇万件に上るもののうち六六％、二億九〇〇〇万件を削減するのが目標だという。

一九九七年〜九八年、韓国は通貨危機に見舞われＩＭＦの管理下に置かれた。だが、最近のめざましい経済躍進を支えているのは、ＩＴ革命への果敢なチャレンジの成果であると言われているのだ。一方日本では、医療、年金、介護の情報が別々に管理されているため、こうした手続きの費用が一人当たりいくらかかっているかさえわからない。高齢化でこれらの費用が膨らんでいるにもかかわらずだ。個人情報と所得までを一元的に管理し、利用できるようにしようとすれば、当然国民一人ひとりに納税者番号や社会福祉番号のような個人番号制が必要になる。納税者番号制はとかく、所得捕捉と増税のためのように言われるが、私が考えているのは社会全体の効率の向上である。

●税収だけではない番号制の効果

もちろん納税者番号が導入できれば、所得の捕捉もしやすくなるから五万九〇〇〇人の職員を抱える国税庁の徴税コストも削減できるだろうし、消費税引き上げを含めた税制改革にもつなげやすくなるだろう。だが、電子政府の効果はそれだけではない。

言うまでもなく、番号制度の導入には、個人のプライバシーを保護する情報システムの構築が必須である。だが、過剰な反応は禁物だろう。韓国同様に、電子政府化を進めたデンマークは、ＩＴ活用で行政サービスの質を落とさず、二七一の市を九八に、一四の県を五つに統合するという行政の効率化を果たした。米、英、カナダ、スウェーデンなど、さらに多くの国が電子政府をてこに、経済の活性化、生活の利便性向上を図ろうとしている。

電子政府は、国家戦略そのものである。「国と社会の効率化」「透明性の確保」「国民参加」「国の競争力強化」。これらはとりもなおさず、国力の強化につながる施策である。社会基盤としてのＩＤは、ＩＴ社会で活躍するもの同士を結び付ける絆である。効率的社会、安心安全を保障する社会の実現には欠かせないのである。

第二編　「成長の限界」と日本経済を崩壊に導く温暖化政策

――「二〇二〇年問題」「二〇五〇年問題」が近づいている

第一章　「二〇二〇年問題」「二〇五〇年問題」とは何か

■資源・エネルギーを巡る争奪が起こるのは火を見るより明らか

私はこれまで、食糧、資源・エネルギーの安定的配分を著しく困難にするであろう近未来の課題、その原因は世界の人口爆発と食糧供給の限界、化石燃料の枯渇と不可分の関係にあると訴えてきた。そして、世界はもちろん日本をも巻き込むこの巨大な問題の解決を絶えず政治・政策活動の中心に掲げてきたのである。環境問題への取り組みもこれと密接にリンクしている。

もっとシンプルに言おう。いくら知恵を絞り、食糧生産に関する近代的な技術を高め、同時にまた食べ物を分かち合う愛や道徳、倫理の啓蒙に力を注いだとしても、五〇人分の食糧しか生み出せないのに、そこに一〇〇人の人間がいるとしたらどうだろう。争いが起こるのは目に見えている。石油をはじめとする化石燃料に代わるべきエネルギーが十分に開発、準備、調達されていないのに、化石燃料が底をつくとしたら、世界の経済はどのようになるだろう。資源・エネルギーを巡る争奪が起こるのは火を見るより明らかである。環境が極度に悪化し、人間の生命の源ともいえる水が十分に確保できなくなるとしたらどうだろう。水を巡る対立が起きるのである。これらの問題に手をこまねいているわけにはいかないのだ。

私は二一世紀のキーワードは、「人口爆発」と「資源の枯渇」にあると考えている。地球に住む六九億の人口が二〇二〇年には一〇〇億人に達すると予測されている。そうなると、食糧はもちろん、資源・エネルギー、水などの争奪戦になることが予想される。これに対応するためには、化石燃料に代わるクリーンな資源・エネルギーの開発・確保と同時に、向かうべき方向をきちんと議論し、そのために何をなすべきかを考えながら前に進んでいかなければならない。政治には科学が必要なのだ。来るべき未来を冷静に見つめる視点がなければ、政策は何の意味ももたなくなるからである。私がここで展開しようとしている「二〇二〇年問題」「二〇五〇年問題」は、人類が避けては通ることができない課題なのである。

●CO2二五％削減は日本の経済を崩壊させる

地球の温暖化が当然のように流布されている。異常気象が発生すると、ニュースキャスターが「やはり温暖化の影響なのでしょうか」とごく当たり前のようにコメントするのである。二酸化炭素（ＣＯ２）がその犯人とされ、二五％というとんでもない削減目標を世界に示し、日本経済を瀕死の淵に叩き込もうとしている民主党や評論家とマスコミ。排出権取引で何兆円ものカネをムダにする排出権をめぐる金融証券システム。

いま、何より求められているのは冷静になることである。そして、より根本に立ち返り、地球の温暖化は本当なのかという視点を無視してはならないのである。温暖化の犯人はＣＯ２なのか。立ち止まって考える時期にきているのだ。なぜなら、温暖化なら世界の食糧事情に大きな影響は出ないだろう。むしろ耕地面積が広がり、生産量は増えるかも知れない。だが、逆の場合はどうなのか。冷害は飢饉や紛争に直結するのである。並大抵の対応では難しい。このような意味で、地球は温暖化ではなく、むしろ寒冷化に向かうという科学者の意見をこの章の最後に取り上げたい。もしそうなら、世界の食糧事情の危機は一層加速されるだろう。

■「二〇二〇年問題」「二〇五〇年問題」とは何か――成長の限界

一九七二年、あるレポートが世界に衝撃を与えた。そのレポートとは、『成長の限界』である。ローマクラブがＭＩＴ（マサチューセッツ工科大学）のシステムダイナミクス研究グループに研究を委託した成果をまとめたものである。ローマクラブとは、オリベッティ社の副社長だったアウレリオ・

ベッチェイによって設立された民間シンクタンク。未来に起こるであろう急激な人口増加、資源の枯渇、食糧不足、環境破壊など人類の危機を回避するための方策を探求するために、世界中から七〇余名の賢人を集めて組織された。『成長の限界』は、ローマクラブがMITのドネラ・H・メドウズ助教授らのグループに依頼し、システムダイナミクスの理論とコンピュータ・シミュレーションを駆使して描かれた人類の未来への警告書である。その結果は驚くべきものであった。

世界の人口は二〇世紀初頭には一七億人程度だった。だが、ローマクラブが組織された一九七〇年代には三四億人に増加。七〇年間で二倍に膨らんだわけだ。ここからは予測だが、二〇一〇年にはさらに二倍の六九億人となり、五〇年にはピークの一〇〇億人に達するとしている。『世界人口白書2011』(国連人口基金)によると同年一〇月三一日に、世界人口は七〇億人を突破する見通しであると発表した。

七〇年間で二倍になった人口が、その半分の約三五年でさらに二倍になる。まさに驚異的な加速度を示している。この予測は発表当時、あまりリアリティをもって受け入れられなかったといっていい。『第三の波』の著者である未来学者のアルビン・トフラーでさえ、「人類は十分に賢明なので、人口の異常な増加は起きないだろう」と取りあわなかった。

だが、世界の人口は現在六九億人。ほぼローマクラブの予測どおりに推移している。

一方、資源は有限である。一八世紀後半の産業革命以来、人類は化石燃料を大量に消費してきた。そのために埋蔵量は急激に右肩下がりで落ちてきている。原油の場合、地上に吹き上げる圧力が低下し、ポンプでくみ上げなければならない油田も増えている。埋蔵量はあきらかに減少しているのである。さらに、人口の指数関数的な増加に対して食糧生産が追いつかない。つまり、急激な人口の増加と資源の枯渇、そして食糧不足の三つの曲線が交わる地点(二〇二〇年)が、ローマクラブが指摘した、『成長の限界』の一つの危機的なポイントなのである(**本章末・図表7 二〇二〇年、二〇五〇年問題の図参照**)。

このような危機に対して何もせずに手をこまねいていた場合どうなるかは、二〇二〇年を過ぎてからの状況を曲線が表している。資源が底を突き始め、その結果、工業生産は激減することが予想される。急増する人口を賄うための食糧生産は追いつかないのである。「二〇二〇年問題」とは、急激な人口の増加と資源の枯渇、そして食糧不足の三つの曲線が交わる地点を指し、「二〇五〇年問題」とは人口爆発がピークに達するにもかかわらず、資源も食糧も圧倒的に少なくなる地点を示しているのである。

●現代文明は石油文明

産業革命以来、世界経済の発展を支えてきたのが石油である。石油は化石資源の中でも特筆すべき資源である。その理由はエネルギー密度が格段に大きく、さらに、船、飛行機、鉄道、車などの燃料だけでなく、電気、アスファルト、化粧品、化学肥料・農薬から、プラスチック（膨大な種類）などに至るまで現代文明が産みだした新しい物質の九〇％を支えている。したがって、石油の値段は世界経済を支配する。石油価格は一九七〇年まで長い間一ドル／バレルであった。だが、第一次オイルショックにより、数年で一〇ドルに上昇すると世界経済が震撼したのである。石油価格を安定させるために英国が中東の石油価格を調整しようとしたが失敗した。やがて価格が四〇ドル／バレルまで上昇した。これが第二次オイルショックである。その結果、英国に代わってOPECが石油価格を調整する組織として台頭することになった。

OPECは価格を四〇ドル／バレル以下に抑えてきたが、二〇〇五年を境に歯止めが利かなくなった。中国を中心としたG20の新興国家群の急激な石油消費が原因である。二〇〇七〜〇八年には一四五ドルまで急上昇した。こうなると、石油を輸入できる国はなくなり、世界全体が経済パニックとなった。そのきっかけはアメリカのサブプライムローンの破綻であったが、それは引き金に過ぎない。こうして、第二次世界大恐慌が二〇〇八〜〇九年にかけて吹き荒れ、世界はまだその傷から回復していない。しかし、中国はいち早く回復して世界経済の牽引車となっている。今後はOPECに代わり、石油価格が一〇〇ドル／バレル以下で安定する調整弁となるような新たな組織が必要であろう。

●中東政変の背景にある人口増

二〇世紀の人類の大発展は、四倍の人口増を引き起こしたが、科学は食糧の四倍増産を可能にした。しかし、それが限界で(二〇一〇年)で、それを二〇五〇年までに六倍にまで増産することは不可能である。最初の破綻は二〇二〇年にやってくるというのがローマクラブの計算結果である。

人類のこのような奇跡的発展は、地球が四六億年かけて蓄えた資源の一方的消費に依存してきたためである。指数関数的な資源の消費と人口の指数関数的増加が起こす『成長の限界』が始まる二〇二〇年の推定誤差は小さい。その日まで十分な時間は残されていないが、その前に食糧の頭打ちが始まるだろう。

二〇一一年春、チュニジアの政権崩壊から始まったドミノ倒しのような中東政変は、一般的に独裁政権に対する民主化の流れととらえられている。だが、背景に人口の急増があるのを忘れてはならない。例えば一九八〇年のエジプトの人口は四四〇〇万人だった。それが二〇一〇年の推計では八四〇〇万人に急増している。北アフリカと西アジアを合わせると一九八〇年には二億三〇〇〇万人の人口が二〇一〇年には四億四〇〇〇万人強と二倍近くに増えているのだ。雇用の喪失(失業)と食糧価格の上昇は、「食えない人間」「食料が届かない人間」を増やしてしまうのである。さきほど私は、二〇二〇年の前に食糧の頭打ちが始まると書いたが、これらの政変がその前兆に見えてならないのである。

人類史の人口増を人類発展の指標として見れば、二〇世紀は人類の黄金時代と言えるかもしれない。しかし、二一世紀はその黄金時代の終末期になるだろう。いまこそ、人類が国境を越えて、知恵を絞り、迫り来る困難に対処する必要がある。

●石油の消費量と残量

二〇世紀の人類は、先進国を中心とした七億人で石油の埋蔵量のほぼ半分をすでに消費してしまった。二一世紀は、残り半分をG20の四〇億人で消費しようとしている。「**図表8　石油の消費量と残量**」はワイングラスに入ったワインを石油に見立てたものだ。ワイン(石油)は、半分に減っている。これは過去一〇〇年間に、例えばヨーロッパ人四人、アメリカ人二人、日本人一人で、すでに飲んでしまったからである。二一世紀は、この残りを、さらに中国人一三人、インド人一二人、アジア諸国一〇人の計三五人が新たなメンバーに加わって飲もうとしているのである。問題は埋蔵量の多少ではない。工業化、産業化のスピードは過去一〇〇年と比較にならないほどスピードが増している。つまり、使用量は指数関数的に増加するのだ。残りは二〇～三〇年で飲み干(枯渇)してしまうだろう。そして重要なのは、誰が(どこの国や地域が)独占的に石油を消費できるかという問題が起こることだろう。エネルギー資源を巡る争奪戦が予想されるのである。国家的な対立、紛争、戦争の危機を孕んでいるのだ。

図表７　2020 年、2050 年問題の図

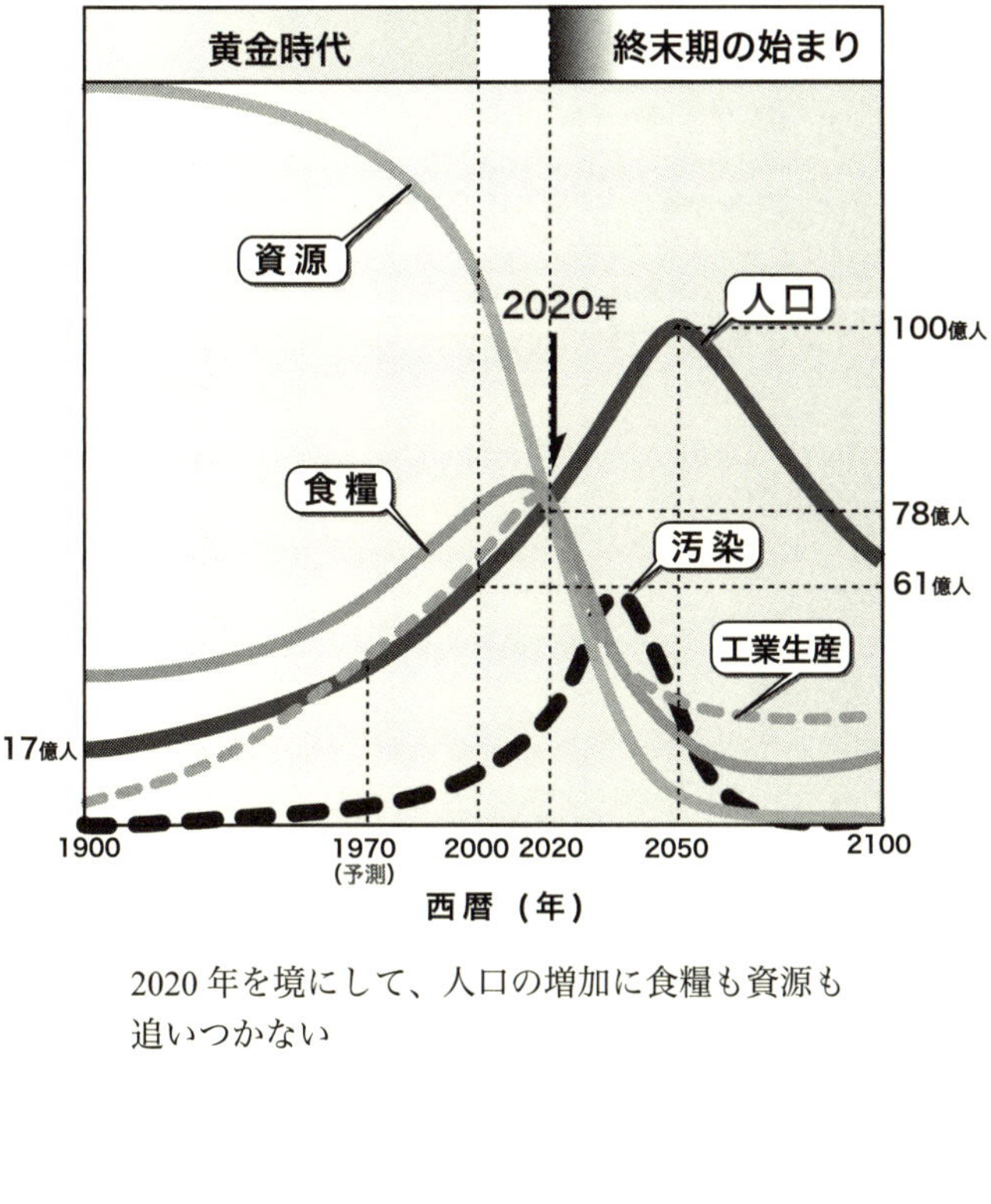

2020 年を境にして、人口の増加に食糧も資源も追いつかない

図表8　石油の消費量と残量

1. 石油の埋蔵量（1/2 を消費）

2. 過去 100 年間に西欧 (4 人),
アメリカ (2 人), 日本 (1 人) で消費

3. 21 世紀は、中国 (13 人),
インド (12 人), アジア諸国 (10 人) の
35 人が参加 → 残りは 20-30 年

4. 問題は埋蔵量の多少ではない。
使用量の指数関数的増加である

ワイングラスに例えると、人類はすでに半分の
ワイン（石油）を飲んでしまった

	国名	億バレル
1	サウジアラビア	2642
2	イラン	1384
3	イラク	1150
4	クウェート	1015
5	アラブ首長国連邦	978
6	ベネズエラ	870
7	ロシア	794
8	リビア	415
9	カザフスタン	398
10	ナイジェリア	362

※BP 統計による 2007 年末の確認石油埋蔵量

第二章　「二〇二〇年問題」「二〇五〇年問題」に対する日本の対応

■持続可能社会は可能か？

ローマクラブ（一九七二年）の結論は、1．「成長の限界」の認識と、2．持続可能社会の構築の必要性をわれわれに教えている。これら二つの重要な概念は、現代の国際社会の共通認識となっている。だが、ではどうすればよいのかという具体的、現実的な対策については、混沌とした状況にあり、現実は、上記の共通認識とまるで逆行しているのである。インドやアフリカ諸国の無政策は世界人口の歯止めのない加速的な増加となって現れている。

持続可能社会については、人間が利用できるエネルギーは無限であるとして、人口一〇〇億人可能社会を実現する政策を漠然と仮定したり、地球温暖化だけが死活問題と仮定する研究が蔓延し、それらに巨額の税金を投資しようとしている。本当の持続可能社会を実現するためには、さまざまな環境問題のそもそもの原因を断ち切らねばならない。それが人口問題なのである。

一方で、人口の爆発的な増加と同時に、食糧となる大型の家畜(牛、豚、羊、ヤギ)も全世界で四四億頭にまで増加した。これらの家畜を放牧し、飼育させる結果、世界の森林は急減し、地球環境の最後の砦である熱帯雨林地域の森林まで伐採しようとしているのだ。当然だが、大型動物は急減、絶滅しつつある。それはまた、生物多様性を失わせ、生態系のバランスの崩壊を導き、微生物(ウイルス)によるものであるという説もあるが、原因不明の動物の大量死(例えば、ミツバチ)すら起き始めている。

持続可能社会の実現に向けた政策は、あらゆる問題の根源である世界人口増加の計画的抑制をおいてほかにない。そのためには、地球規模での将来計画が必要となる。例えば、国連を中心に未来へのプランを早急に立案しなければならないだろう。その際のポイントは以下の五つである。

①科学者は生態系のバランスの確立の上で許される人間の数を決定する。
②人文社会系科学者は、「飢え」による戦争をなくすための政策を広げ、世界合意の実現を目指す。
③限られた時間の中で、ゴールに向けた具体策を提言・実行する組織を立ち上げる。
④緊急の課題は石油の価格を一〇〇ドル／バレルを上限とし、それを超えない政策をとる。
⑤石油の代替燃料の開発と、太陽、風力などのエネルギー利用を進める。

これに失敗すると、第三次世界大戦が勃発する危険性がかなり高まってくるだろう。それ以前に、紛争に先行して大量の難民の移動が起きる可能性も十分に予想される。四、五世紀にユーラシア全域に起きた民族の大移動の再現である。当時の世界人口は三億人程度だが、条件はもっと悪い。現在の人間の総数は桁違いに増えている。だが、いまは六九億人を超えているのだ。アジア、とりわけ中国、インド、アフリカが世界の人口爆発の鍵を握っている。

地球の近未来を予測し、対応策を議論する国際研究組織を立ち上げることは喫緊の課題である。全世界の研究者が参加し、上述した課題を真剣に討論する必要に迫られている。日本はこの提言の実行に、全力を尽くさなければならない。

●「太陽・空気・水大作戦」――雇用の確保につながる新しい産業の創出

雇用の確保にもつながる新しい産業の創出の柱は、太陽光パネルやバッテリー技術、超伝導、電気自動車、淡水化技術など、広範な分野にわたる「太陽エネルギー（太陽）」と「低炭素社会の実現（空気）」、「世界の水問題への対応（水）」である。これを私は、「太陽・空気・水大作戦」と呼んでいる。水については二〇二五年頃には五五億もの民が深刻な水不足に陥ると予測されている。

地球は水の惑星と呼ばれるように、その表面の七〇％が水で覆われている。しかし、人間が飲むことのできる淡水はわずかに三％。しかもその三分の二が氷河に閉じ込められていると言われている。現在、世界の人口の二〇%が安全な水を口にできない。人間は水なしに生きていくことができない。「水をもてる国」と「水をもたざる国」が歴然と存在し、しかもその格差が広がりつつあるのだ。

日本列島の降水量は多く、おおむね飲料水に困らない。これは世界では例外的な幸運である。さらに、日本にはきれいで美味しい飲料水をつくり出す半透膜やそれを応用した浄水装置の製造技術、それらを都市に設計、建設するインフラ技術、およびそれらの維持、保守管理、運営を担うエンジニアリング技術、これらが一体化した組織力をもつ。この分野は年間八〇兆円近い産業に成長するだろう。先行する企業や国家に負けない政策が必要だ。ミネラルウォーターや淡水化の方法、太陽光発電事業などによって国際社会に貢献するとともに、それを国家、国民の富に直結する政策が求められているのだ。

一方、食糧を巡る争奪戦は想像を絶する過酷さをもたらすことだろう。人間は口に入る食物がなければ生きていけない。その大前提が脅かされるのである。単に「腹がへる」のと「飢え」とはまったく異なる。多くの紛争や戦争は「食えない」＝「飢える」ことから発生する。過去の戦争の背後に隠れている争いの本質である。そして、人間は「食う」ことなしに生きられないのだ。共存共栄を図り平和を実現する適切な人口を模索すべきなのである。

人口一三億人の中国は、九五%という高い食糧自給率を目標に掲げているが、それに対し日本の現状は四一％という先進国の中でも最低のレベルである。自給率を高めるためには、まず農林水産業の復興を図る必要がある。それには日本の伝統的な「古里」の復活、いわば「食糧安保」の確立を急がねばならないのである。食糧問題に深くかかわる農業改革については、第一編「日本再興へ向けて」で詳しく触れているので、参考にしていただきたい。

持続可能社会を目指すならば、日本が先導して二一世紀のモデル社会として、お手本になる政策を実行せねばならない。

第三章　「二〇二〇年問題」「二〇五〇年問題」

――日本は世界の平和と安定にどのように貢献するのか

■過去に学ぶだけでは不十分な新たな試練

日本の政治の混迷と経済の悪化は、戦後日本の繁栄の継続に大きな赤信号を灯している。この警告信号は一九九〇年頃から灯り始め、名目ＧＤＰは伸び悩み、停滞し、そして、下降しようとしている。この困難は、簡単には突破できない。なぜなら、過去に学ぶだけでは不十分な、新たな試練が待ち構えているからである。

●気候変動に弱い中国農業の不安

中国の欠陥は、歴史を振り返ると歴然とするが、気候変動に極めて弱い宿命をもっていることである。産業革命以前、温暖化の時代には豊かな農業と牧畜によって中国は最大人口六〇〇〇万人が豊かに暮らせる食糧生産国であった。だが、寒冷化の到来とともに一〇〇〇万〜二〇〇〇万人まで人口が激減するという極端な人口減少を、過去二〇〇〇年間に五回繰り返してきた。

三〇〇〇年前の産業革命の輸入以降、気候は一方的な温暖化が続いたために、人口は六〇〇〇万人から一三億人まで一方的に急増した。それでも人々が生きていくことができたのは、化学肥料、品種改良、農業・牧畜の機械化等で食糧が増産できたからである。それでもその間、一時的な小寒冷化が起きた時期（一八五一年の太平天国の乱の前後）に、数年間で一億三〇〇〇万人が死亡したことがある。これが中国のアキレス腱である。

中国は、二〇一一年旧暦新年早々、利上げに踏み切ったのは記憶に新しい。寒害や干ばつで野菜などの値上がりが著しくなったからである。南部の低温や雪害も食糧の生産や流通に影響を与えている。特に低所得者層の生活に響く食糧の高騰に対する不満は、政権批判に直結しているのだ。

気候寒冷化によって中国が不安定化すれば、再びアメリカの一極支配体制、あるいは世界は多極化の時代になるだろう。後者は、具体的にはＧ20（二〇の新興国家群）時代の始まりである。以上の二つの可能性（Ｇ20あるいは多極時代）を想定し、そのどちらの場合にも対処しうる戦略が日本に必要になる。新しい世界秩序の中で日本はどんな外交政策を取るべきなのか、それが問われているのだ。

中国にはもう一つの問題がある。それは一三億人もの人口をどのようにして食べさせていくのかということである。日本の高度成長時代のように石油が無尽蔵にあった時代とは決定的に異なる。資源が枯渇した場合どのように対処するのか。これからは、歴史という過去に学べない非線形の時代に入っていくのである。

■日本は豊かな自然と水資源の中で暮らしてきた

日本は美しい自然に恵まれている。めまぐるしく変化する四季折々の風景は、私たち日本人の心を和ませてくれる。江戸時代の長い鎖国の後で、産業革命を輸入した日本は、急激な社会体制の変革を伴いつつ先進近代国家となった。非キリスト教国の中で唯一、日本だけが近代国家となったのである。その不思議の原因を探ろうと多くの欧米知識人が日本を訪れたが、ほとんど例外なく日本を絶賛した。それが自然の美しさである。その美しさは、日本列島に降り注ぐ降雨がつくり出す自然美である。北緯あるいは南緯三〇〜四〇度の中緯度地帯は圧倒的に砂漠気候が卓越するが、日本列島はこの緯度帯にあるにもかかわらず、降雨が多い。冬は蒸発した日本海の水蒸気が偏西風によって東進し、日本の山脈に衝突して雨や雪になる。一方、夏になると太平洋からの風が高温になった海水から大量の水蒸気を日本列島に運んでくる。北側の低温の高気圧との境界に梅雨前線が発達して、太平洋起源の水蒸気が雨となって日本列島に降り注ぐ。太平洋の表層水が高温になると、竜巻を超巨大にした上昇流ができる。それが台風である。台風は大量の水を太平洋からアジアにまとめて運んでくれるのである。天から与えられた巨大な「水道」「シャワー」である。残った太平洋の表層は攪拌され熱を失い、穏やかな海に戻る。

この水が日本の豊かな農業を育む。降雨が太陽光の助けによって植物を育て、植物が動物を養う。日本人は生まれて以来ずっと豊かな自然と水資源の中で暮らしてきたために、自然の恩恵に気が付かないことが多い。

●日本史における食糧問題

日本の歴史と人口の増加曲線を見ると明白だが、他の動物同様に、日本人もまた人類として、歴史を通じてつねに飢餓状態と共存してきた。人口はつねに飽和状態のままであった。そのために自然災害によって飢饉が起きると餓死者が続出し、人口は一時的に減少した。子孫の繁栄を守るために、地域によっては、高齢者が自ら死を選ぶ。次世代の食糧を確保するための悲劇的な風習さえ存在した。

日本の人口増加は約二〇〇〇年前の江南系渡来人に始まるだろう。彼らが持参した本格的な稲作農業によって人口は段階的に増加した。大阪平野のように氾濫原を水田化し、そこに穀倉地帯を確保し、食糧生産の安定化を図り、その結果日本史上最初の本格的な国家が出現した。安定した食糧の確保が主因であろう。それでも聖徳太子の生きた飛鳥時代に至っても、人口は約三〇〇万人程度で、現在の名古屋市の全人口程度にすぎない。現在は一億二六〇〇万人に達している。

次の本格的な躍進は中世の温暖化が後押しした。温暖化は農業生産性を向上させ、生物多様性を促進し、関東から東北地方の農業生産性を著しく増進させた。西南日本から東北までの広い範囲で食糧生産性が向上すると人口がまず増加する。西南日本の余剰人口(次男坊以下の男性中心)はフロンティアを求めて関東へと下り、そこで水田を興し、やがて、その田地を守るため武士が台頭した。この時期、現在の鳥取県を中心に、タタラ製鉄によって生み出された鋳鉄から、田地の開墾、とりわけ用水などの灌漑《かんがい》に威力を発揮するような鉄製農機具が大量に生産された。技術の発展が中世の農本制国家の躍進を後押ししたのである。

こうして武士の時代が始まり、平安、鎌倉、室町時代を経て応仁の乱に始まる戦国時代に入る。この時代の混乱は世界的寒冷化の時代と重なることから推測されるように、寒冷化が原因で東北から関東にかけて飢饉が頻発している。餓死者を続出させて、社会が不安定化したのである。江戸時代の前半(一七〇〇〜一八〇〇年頃)もまた、小寒冷化の時代が続いていた。ヨーロッパでは寒冷化から回復すると産業革命が始まり、人口の膨張とともにヨーロッパから溢れた人口の余剰が世界各地に押し寄せた。もちろん、農業の変容、革命と弾圧、宗教的迫害なども大きく影響していることはいうまでもない。日本も例外ではなく、江戸時代末期に英、仏、露、スペイン、ポルトガルなどから使者が来日し、最後にアメリカが日本の鎖国を解いた。

●太平洋戦争終戦時の日本の人口は約七〇〇〇万人

明治になると、政府は積極的に産業革命を輸入し、学問から芸術までを欧化する政策を掲げ、日本を近代国家へと導いたが、同時に、人口の爆発的増加が始まった。明治初年に三四〇〇万人にすぎなかった人口は明治末期には五〇〇〇万人を突破した。日清、日露の戦争はこんな人口のスケールで戦ったのである。当然だが、国内の食糧生産だけでは全人口を賄えない。そうして必然的に外国、すなわち朝鮮半島と満州へと移民が殺到することになる。武力を背景とした日本の大陸への進出が始まった時期と重なるのである。そうして第一次世界大戦から第二次世界大戦へと突き進み、一九四五年完全な敗北をもって終戦を迎えた。そのときの人口は約七〇〇〇万人であった。

戦後の日本の躍進は凄まじかった。戦後の復興はアメリカの戦略であったドッジライン、朝鮮戦争特需が契機となり、日本は家電製品製造や自動車産業を中心とした国家へと発展し、欧米の発明(カメラ、家電や自動車、半導体など)を製品化し、一九八〇年頃には世界最大の貿易国家になった。加工貿易の発展によって、一九六〇年頃には世界の輸出貿易大国に仲間入りし（世界第五位）、一位のアメリカの五分の一程度の輸出国となった。それ以降も次第に上昇し一九八五年頃には世界第三位、一位のアメリカの数字（一二％）に迫る位置（一〇％）まで成長した。それとともに日本の人口は増加の一途をたどり、二〇〇五年には明治初年の約四倍となった。当然ながら、このような膨大な数の人間の食糧を自国で賄うことはできない。耕地面積からして五〇〇〇万人分の自給が限度であり、これが食糧自給率四一％の所以である。

補論　温暖化より寒冷化のほうが地球の危機を加速する

■排出権を買うには数兆円の出費を覚悟しなければならない

ＩＰＣＣ（気候変動に関する政府間パネル）は、一九八八年国際連合環境計画（ＵＮＥＰ）と国際連合の専門機関である世界気象機関（ＷＭＯ）が設立した、国際的な専門家でつくる地球温暖化についての科学的な研究の蒐《しゅう》集、整理のための政府間機構である。

ＩＰＣＣの第四次報告書が二〇〇七年に出版され、その報告書において次のような要約がなされている。

「過去五〇年間の地球温暖化はほぼ人為起源の二酸化炭素ＣＯ２が原因であり、この傾向が今後も続くと二一世紀末には気温が四～五度も上昇し、地球環境は破滅的になり、人類の生存が危ぶまれる」というものだ。また、過去の地球の気候研究はほぼ解明され、次はいかに迅速に地球温暖化を食い止めるかにあるのだと主張する。

つい最近まで地球寒冷化が人類の生存にとって危急的存亡の問題であると議論され、ニューヨークが氷河に覆われるという映画までつくられたにもかかわらず、今度はまるで逆のシナリオである。しかも、この結論に全世界のほとんどの研究者が合意したという。こうしてIPCC主導の地球温暖化脅威論が炭素排出枠の売買という新たなビジネスを生み、日本はその排出枠を購入するために巨額の出費を負うことになった。日本がCO2排出削減のための義務を果たすには、排出権を買うしかない。しかし、その金額たるや数兆円に達するといわれている。

●地球温暖化対策を軸とした政策――敗北の加速政策

二〇〇八年度、ウクライナへ五〇〇〇億円、二〇〇九年度にはEUへ約一兆円をすでに支払っているのだ。ウクライナには二〇〇九年度にも売却益を環境投資にあてることを条件に排出枠三〇〇〇万トン分を購入した。だがその後、代金が不正に流用されたとの疑惑が浮上した。巨額の出費をしたのにもかかわらず、何に使われているかさえ明確になっていない。排出量取引のシステムそのものが脆弱なものを含んでいると言わざるをえない。

アメリカはブッシュ共和党政権時代には、温暖化脅威論が科学者の間のコンセンサスとなっていないことを理由にIPCCに参画しなかった。ところがクリントン民主党政権時代のゴア副大統領(当時)主導の運動によって、地球温暖化人為的CO2犯人説を民主党は信じ、それを引き継いだオバマ民主党はグリーン・ニューディール政策を開始した。最近は排出量取引導入を推進する民主党が共和党の強い反対を理由に関連法案の上院審議を断念している。

世界のCO2排出量はおよそ三〇〇億トンと言われている。その約二二%は中国、一九%がアメリカ、EUは一三%である。日本はわずかに四%。中国、アメリカが削減に消極的なのに四%の日本がいくらがんばってみても、温暖化防止に貢献することができるだろうか。二五%削減したところで、世界の一%なのである。また、例えば日本が化石燃料をまったく使わない縄文時代のレベルに戻したとしても、つまりCO2排出をゼロにしても、地球温暖化抑止に貢献する効果は、わずかに、〇・〇〇〇〇二～〇・〇〇〇〇四度でしかないのである。これだけの温度上昇を抑えるために、経済を犠牲にしてもいいのだろうか。

オバマが大統領に就任した直後、英国気象庁は、二〇〇八年の年平均気温が二一世紀に入って最低の気温を記録したことを報告し、地球は温暖化どころか寒冷化に入ったとする報告を行った。一方、太陽の活動度、およびその指標となる太陽黒点がまるで見られない時間が過去一〇〇年の中で最長を記録し続けており、さらに黒点の周期である一一年を経過しても、一向に黒点が現れない事態も継続しているという。これらは、江戸時代初期の小寒冷化に匹敵する寒冷化の時代の予兆かもしれないとの認識が高まりつつあるのだ。

アメリカでは、太陽物理学の研究者が二一世紀の寒冷化の気候予測を行い、一方日本でも地球惑星科学連合学会で二一世紀の気候は、温暖化どころか寒冷化するとする研究者が現れ大きな論争となっている。私もこの大会に参加した。日本の地球科学者の九〇％が、実はＩＰＣＣの結論を信用していないことを知り慄然としたのである。フランスでは、地球科学分野の著名な研究者であるアレグレ博士が、二〇〇九年から環境大臣に就任し、先進国の中でフランスが最初にＩＰＣＣの主張する二一世紀の地球温暖化説を否定。京都宣言やポスト京都の取り決めから脱退するだろうと言われ始めた。アレグレは二〇〇七年のＩＰＣＣ報告書が出された直後から、猛烈な反対論を展開してきた科学者であるからだ。

■未来を科学的に見据えた政策が必要

私は日頃から「政治に科学を」と訴えてきた。福島第一原発事故にもいち早く反応したのはそのためだ。哲学はもちろん必要だが、精神論だけの政治はすぐに立ち行かなくなる。精神論は哲学になりえない。科学に裏打ちされ、未来を見通してこそ、そこに確かな政治哲学が生まれるのだ。未来を科学的に見据えた政策が必要なのはいうまでもない。その意味で、私がその研究に注目し、啓発と刺激を受けている科学者がいる。東京工業大学大学院の丸山茂徳教授である。地質学者で専攻は地球惑星科学。地球環境に関する関連著書も多い。教授の研究は傾聴に値する。中でも注目したのが、地質学とテクトニクス（地球変動）や惑星科学。これらを学際的に研究課題としてきた教授の立場から言うと、地球温暖化の主犯がＣＯ２であるとするのは明らかな誤りであり、そもそもＣＯ２と温暖化の問題とは切り離して考えるべきであるというものである。

●政府は排出量削減を急ぐべきではない

教授の主張は長年にわたって積み重ねられた研究の成果であり、素人がそう簡単には要約できるものではない。だが、核心はいたってシンプルでわかりやすい。それは、温暖化の主犯はＣＯ２ではない。むしろ地球はミニ氷河期、寒冷化に向かっている。ただし、低炭素社会の実現は不可欠である。それは温暖化に対してではなく、化石燃料、つまりエネルギー資源の枯渇する時期をわずかでも先延ばしにするために、必要だというのである。

さて、温暖化についてである。温暖化といっても、過去一五〇年間に上昇した平均気温は〇・六〜〇・七度にすぎない。化石燃料を焚いた一九四〇年から八〇年に気温は下降しており、ＣＯ２主犯説はすでに崩壊しているという。ＣＯ２は確かに温室効果ガスの一つではあるが、温室効果は微小であると言う。約六〇〇〇年前の縄文時代の地球は現在よりも二〜三度も平均気温が高かったことが判明しているが、自然界ではその程度の気候変動は普通である。仮に地球平均気温が一度上昇しても、赤道地域では〇・一度しか上昇しない。中緯度地域では二度、高緯度(極)地域では一〇度になるとはいっても、北極と南極の現在の平均気温がマイナス五〇度なのだからマイナス四〇度となっても実質的にはほとんど変わらないと言うのである。

科学の最前線がこういう状況である限り、政府は排出量削減をカネで買う政策を急ぐべきではない。むしろ国民の税金を諸外国にむしりとられない作戦を展開すべきだろう。もう少し様子を見ればよいと私は考えている。民主党の二五％削減政策など、とんでもないことのように思うのだ。ＩＰＣＣによるコンピュータ予測を全面的に信頼してもいいものなのだろうか。ＩＰＣＣの予測は、観測結果とまったく合っていないという。ＩＰＣＣは一方的に温暖化を予測しているが、これまでの観測データは一方的な気温低下を示しているのである。この後五〜一〇年で論争の最終的決着はつくと言われている(**図表9　二〇〇〇〜二〇二五年の温暖化予測と実際の気温参照**)。

図表9　2000～2025年の温暖化予測と実際の気温

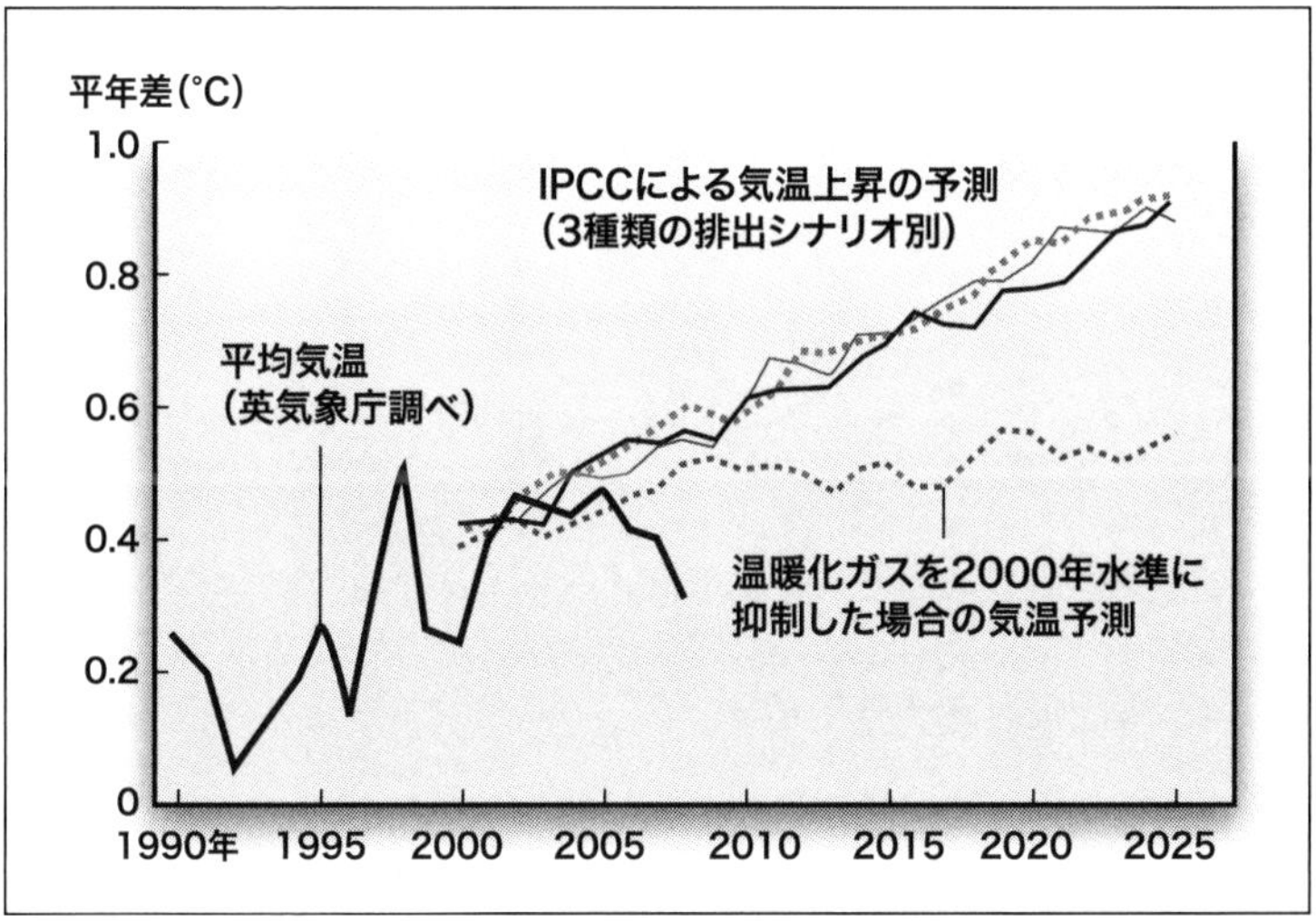

「地球の気候当面『寒冷化』」日本経済新聞2009年2月2日
IPCCの予測と英気象庁の実測データでは、グラフの指向がまるで異なっている。地球はむしろ寒冷化に向っている。温暖化か寒冷化の論争は5～10年後に決着する。

●「空から月餅が降ってくる」。空気を財にしてはならない

中国に「空から月餅が降ってくる」ということわざがある。日本流に直せば「棚からボタモチ」といったところだろうか。

ＣＤＭ（クリーン開発メカニズム）は、京都議定書に定められた温室効果ガス取引の一つの制度である。高い削減率を負う日本は、義務の達成のためにこの制度を利用せざるをえない。具体的には、先進国が途上国での風力発電などクリーンエネルギーのプラント計画に協力することで、減らしたＣＯ２排出権を購入し、それを自国の削減量に組み入れるという仕組みである。

例えばこういうことである。

工場を建設したり、移転したりするときに日本やヨーロッパの商社がこうもちかけるのだ。「最新設備を導入しましょう。資金はすべてこちらが負担します。その代わり、生み出された排出権を山分けしましょう」。相手にとっては笑いがとまらない話だろう。近代的な最新鋭の設備がタダで手に入るうえに、莫大な排出権料が転がり込むのである。

空気がカネに化けるのである。「空から月餅〜」というのはこのことを指している。

中国のＣＤＭ（クリーン開発メカニズム）事業でまことしやかにささやかれているのがこの言葉なのだ。空気は本来、「財」になるものではない。

財政学の基本だが、経済財とは、欲求に対して財に量的制限があり、これを使用・所有するためには何らかの代価を支払わなければならないものを言う。これに対して自由財がある。これは存在量が極めて多く、原則としてその獲得のために代価を必要とせず、自由に入手できる財を言う。空気などはこれにあたる。

この空気を「財」にしようというのである。目に見えないリスクを複雑に組みあわせて証券化し、世界の経済を混乱させたのはつい最近のことである。温室ガス取引には、このような危険性はないのだろうか。頭のいい中国人が、排出量取引に関し「空から月餅が降ってくる」という表現を使うことに、私は何か不吉なものを感じるのである。

ＩＰＣＣによれば自然界のＣＯ２吸収量は年に三一億炭素トンで、一方人類が化石燃料を燃やし排出されるＣＯ２は、二〇〇〇年以降、年に七二億炭素トン。自然界の吸収量の二倍以上を放出していることになる。これらをマーケット化したらとんでもない規模になるのである。しかも、ＣＯ２が犯人ではないとしたらどうなるのだろうか？

●ＩＰＣＣの信頼を揺るがす問題が多発している

最近、ＩＰＣＣに関する疑惑が新聞紙上をにぎわせている。いずれもＩＰＣＣの信頼を揺るがすものばかりである。気象研究で有名な英国イーストアングリア大学のコンピュータにハッカーが侵入し、研究者が交わした電子メールが盗まれた事件が発覚した(二〇〇九年)。その中に地球温暖化のデータを誇張したともとれる内容のものが含まれていたのである。そこには、国際的な気象研究の中心的な研究者同士のメールもあり「気温の低下を隠す策略を終えたところだ」などと書かれていたのである。英米メディアがウォーターゲート事件をもじって「クライメート(気候)ゲート事件」と呼んでいるものだ。

アメリカでは共和党を中心に、急激な地球温暖化対策に批判的な議員が多い。彼らは「世界一流と呼ばれる研究者が、科学的研究よりも政治的流布に集中している」ことを懸念し、非難の声をあげているのである。

アメリカでは最近、地球温暖化の科学的根拠に対する信頼感が低下しているといわれている。ある調査(世論調査機関ピュー・リサーチ、二〇〇九年)によると、「ここ数十年、地球の平均気温は上昇していることを示す間違いない証拠がある」と答えた人は五七％。二〇〇八年調査の七一％、〇七年、〇六年の七七％から大きく下落しているのである。

●研究機関は偏った政策を後押ししたり、誤った研究を推進する機関ではない

ＩＰＣＣの信頼を揺るがせているのはこればかりではない。前出の報告書(第四次報告書)の中にある、「ヒマラヤの氷河がこのまま温暖化が続くと二〇三五年までにはすべて消失する可能性

が高い」と記述した内容について科学的根拠は何もないことが判明している。その科学者は憶測だったことを認めたのである。

また、同報告書で、オランダの国土のうち海面より低い部分の面積が実際より多く記載されていたことも判明した。オランダ環境省によると国土の二六％が海面より下だが、ＩＰＣＣの報告書には五五％と記載されていたのである。国連の潘基文《パン・ギムン》事務総長は、国連の気候変動に関する政府間パネル（ＩＰＣＣ）の活動や運用について独立した立場からの調査、改善などを勧告する特別委員会の設立を依頼している。

国際環境計画と世界気象機関の影響力は大きい。アル・ゴア氏が中心となって制作した映画『不都合な真実』が世界的な反響を呼んだことがあった。この映画は、ＣＯ２による地球の温暖化により、キリマンジャロの雪やヒマラヤの氷河がどんどん溶けて少なくなり、かつて湖だったところが陸地になったり、北極や南極の氷が急速に溶け出していると訴えるショッキングな内容で、各国で大きな反響を呼んだ。

その影響もあってか、二〇〇七年ゴア氏とＩＰＣＣがノーベル平和賞を共同受賞しているのである。最近では、ＣＯ２犯人説の露骨なキャンペーン映画であり、次期大統領の席を狙ったゴア氏自身の大規模な自己宣伝《プロパガンダ》ではなかったかという噂もささやかれている。いずれにしても、国際的な研究所や研究者は、科学的な研究を推進する機関であり、研究者はそれに心血を注ぐのが責務である。偏った政策や研究を推進する組織ではないのは当然のことである。

もし、政府の言いなりになり、政府が必要とする都合のいい資料を準備、偏った政策や研究を推進する組織であるとすればこれほど恐ろしいことはない。研究機関や研究者の責務は、ある施策を実行した場合、科学的根拠がどこにあり、経済がどれだけ疲弊し、国民生活にどれだけの負担がかかるかを試算し、提示することにより、検討する際の資料を提出することにある。最初に結論があって、それを補助したり援護する組織ではない。京都宣言の二酸化炭素排出枠六％削減、続いて鳩山首相の思い付きでなされた二〇二〇年までに二五％の削減という提案を後追いで正当化し、異常な政策を「日本経済が失速することなく可能」というのは安易な結論ではないだろうか。経済は疲弊し、確実に失速する。もっと冷静に考える必要があるのではないだろうか。そんな機関・機構に予算をつけているとしたら、事態はさらに深刻である。

●CO2半減は日本の経済も半減させる

京都、神戸、洞爺湖と環境サミットが日本で次々と開催され、日本は議長国として、そこで決定された議決を優先して守る重圧を受けているのはご承知の通りだ。アメリカ、オーストラリア、急速に発展してくる中国やインドが消極的になっているのにもかかわらず、温室効果ガスを二〇二〇年までに一九九〇年比二五％削減すると発表したことで国際社会から高い評価を得たと勘違いし、いい気になっている場合ではない。一国だけが踊らされ、最終的にはバカをみる構図になっていることがわからないのだろうか。

「主要国の公平かつ実効性がある国際枠組みの構築と積極的な目標の合意」を前提条件としているが、国内排出量取引制度などについては国際動向にかかわらず積極的に導入しようとしているのだ。危険極まりないムードに流されているのではないだろうか。

日本にとってCO2を半減することは、経済を半減することにほかならない。日本がそれを積極的に主導することになれば、経済が大きな打撃を受けることは間違いない。特に日本の場合、CO2削減の技術は世界的水準にある。削減力のない国が新しい技術を導入して削減するのとはわけが違うのだ。例え話で恐縮だが、たっぷりと水が沁みこんでいるタオルを絞って水を出すのは比較的容易だが、ぎりぎりまで絞り込んだからからな状態のタオルをさらに絞ることで水分を出す。つまり、ぎりぎりまで絞ったものからさらに二五％も絞り出すとなると、とんでもない労力を要するのである。

温暖化は実は素晴らしいことである、という大切なことも忘れてはならない。なぜなら、地球規模で農業の生産性をあげることになるからだ。人口の爆発に伴う食糧危機に対し、農業の生産性アップは欠かせない。また、低炭素化社会の実現そのものは、資源の枯渇を先送りすることになり、そのこと自体は歓迎すべきことである。だが、CO2がすべての元凶であるとされ、その削減を強いられれば、日本の経済は確実に崩壊するのである。

二五％削減を達成するためには、CO2の排出権購入などで五五兆円以上の費用がかかるとの試算もある。これをいったい、誰が払うのか。企業が払うのか、国が国民の税金で払うのか、いま一度考え直してみても遅くない議論なのである。

●地球寒冷化と対応策

先に英国気象庁が発表した寒冷化への報告、また寒冷化を示す太陽の黒点の活動、高名な研究者たちの寒冷化への予測について紹介した。さて、地球寒冷化が進行すると、どういう問題が起きるのかを思考実験しておこう。

中央アジアでまず食糧難が起きる。農業に大打撃を与えるからだ。農耕可能な地域は現在の世界地図よりも極端に南に移動するはずだ。すると、食糧を追い求めて民族移動が始まり、難民数が増加する。ロシア、カザフスタン、キルギス、ウズベキスタンなどだけでなく、中国周辺部の民族自治区の少数民族による内乱が起きるだろう。日本に置き換えると、これは江戸時代初期の小寒冷化に匹敵する寒冷化の予兆であると警告する科学者が多くなっている。江戸時代に元禄、享保、天保等の飢饉が発生した。

日本列島は長軸が三〇〇〇キロメートルに達する細長い島嶼である。稚内のような酷寒の地から西表島（琉球列島）や父島（小笠原列島）のような亜熱帯まで広がる。河川の貧弱な島嶼では米作は不可能である。食糧自給率は北海道・東北では高く、一方、西南日本では非常に低い。これは人口密度とも関係しているが、古来東北・北海道は冷害の影響を敏感に蒙るために、米作のリスクの高い地域だったことによる。北海道で米作が可能になったのは明治時代以降の屯田兵の開拓によるし、江戸時代初期に繰り返し起きた大飢饉は東北を中心に最も悲惨な事態を招いた。過去一五〇〇年間の地球温暖化は、東北・北海道の米の豊作の原因となったが、二一世紀が寒冷化の時代になり、日本列島を包む高温海水が太平洋東部へ移動すると、日本は寒冷化し、飢饉を招く結果になるだろう。そのため、地球規模の大規模な対策が必要になる。石油などの化石燃料の消費も増えるだろう。

温暖化ばかりに関心が傾き、それが〝当然〟のようになっている昨今、真摯に研究を重ねている科学者たちの意見に耳を傾ける必要があるだろう。

第三編　保守政治の目指すところ

第一章　真の保守政治とは何か

■政治家は本当の国家・国民の利益とは何かを考えているか

いまから四〇年以上前に書かれた元総理の一文がある。大正から昭和の日本の混迷の時代をリードしたリベラリスト石橋湛山が、一九六七年、八二歳のときに書いた「政治家に望む」である。保守とは何か、真の保守が目指すべきものは何かについて考える際に政治家の基本的な立ち位置を示す言辞として紹介したい。

「私が、今の政治家諸君を見て一番痛感するのは、『自分』が欠けているという点である。『自分』とはみずからの信念だ。自分の信ずるところに従って行動するという大事な点を忘れ、まるで他人の道具になりさがってしまっている人が多い。政治の堕落といわれるものの大部分はこれに起因すると思う。

政治家にはいろいろなタイプの人がいるが、最もつまらないタイプは、自分の考えを持たない政治家だ。金を集めるのが上手で、また大勢の子分をかかえているというだけで、有力な政治家となっている人が多いが、これは本当の政治家とは言えない。

政治家が自己の信念を持たなくなった理由はいろいろあろうが、要するに選挙に勝つためとか、よい地位を得るとか、あまりにも目先のことばかりに気をとられすぎるからではないだろうか。派閥のためにのみ働き、自分の親分の言う事には盲従するというように、今の人たちはあまりに弱すぎる。

たとえば、選挙民に対する態度にしてもそうである。選挙区の面倒をみたり、陳情を受けつぐために走り回る。政治家としてのエネルギーの大半を、このようなところに注いでいる人が多過ぎる。

冒頭の、「自分が欠けている」というのは、政治家としての信念、政治哲学、しっかりとした政策、それを支える基本的な考えをもちあわせていない政治家のことだろう。残念ながら現在の永田町にはこのような未熟な、単に選挙に通った、政治家と呼ぶにはあまりにもお粗末な人材が少なくない。湛山翁が言う「最もつまらないタイプ」が増殖しているのである。カネ集めが得意で、大勢の子分を抱えている有力な政治家とその子分。これは現在の民主党が象徴的に体現している。

「選挙に勝つためとか、あまりにも目先のことにばかり気をとられすぎる」というのは、小選挙区制の導入以降、その弊害がより際立っている現象である。

また、石橋翁は、同じような文脈で、次のようにも述べている。

「政治家に大事なことは、まず自分に忠実であること、自分を偽らないことである。また、いやしくも、政治家になったからには、自分の利益とか、選挙区の世話よりも、まず、国家・国民の利益を念頭において考え、行動してほしい。国民も、言論機関も、このような政治家を育て上げることに、もっと強い関心をよせてほしい」(『石橋湛山―リベラリストの真髄』増田弘、中公新書、一九九五年)。

小選挙区制導入により、選挙がショー化、パフォーマンス化し、ポピュリズムを煽りがちになっているマスコミ。同時にその影響をもろに受け、というよりも「面白さ」を渇望し、喜んで受け入れてしまう選挙民への警告でもあろう。石橋翁の真意は、政治家の本来のあり方、それに伴う国民や言論機関の役割を明確に指摘しているのである。

自己決定能力のない政治家がいかに集まっても、政治は迷走を繰り返すばかりである。日本の未来をいかなるものにするのか、日本の世界での立ち位置はどこか、これらに対する明確なビジョンがなく、何事も決められない政治は、国家を衰亡・滅亡させるのだ。これまで本書をお読みいただいた方はすでにおわかりのことと思うが、日本は国家存亡の危機に置かれているという認識は、けっしてオーバーなものではない。真の政治家である保守の役割が求められているのである。

■保守の再結集が政治の未来を築く

保守の定義はさまざまだが、私は、真の保守政治家を次のように定義する。

「現在に至るまでの日本の歴史を踏まえ、現実を冷徹に直視し、伝統に基づいたよき価値観をないがしろにせず、国難にあたって毅然と立ち向かい、国民を問題解決のために奮い立たせ、前向きに思考させ、冷静で確かな行動を促すことのできる政治家」である。それは当然のごとく、国を憂い、国を愛する「憂国の士」でなければならない。憂いつつ、果敢に立ち向かう政治家である。この場合の「憂国の士」とは、取って付けたような皇国史観や大政翼賛、国粋主義、好戦的なイデオロギー、いびつなナショナリズムとはまったく異なるのは当然だ。こんな不合理極まるものは論外である。

理想は必要である。だが、それが夢想、空想、幻想であってはならない。耳触りのいいことばかりを国民に約束し、あとになって「それはできませんでした」「うそも方便です」では話にならない。理想、あるいは理念が、いかに現実に沿っているか、絵に描いた餅にならない財政的な裏付け、根拠、説得可能な論理をもちあわせているか。そして政治家は、現実のありようが、どのような理想によって導かれているかを検証しつつ行動しなければならない。そうでなければ、革新は革新という言葉だけに終わり、偽りの革新によって捻じ曲げられた残骸だけが残るのである。改革が「改革のための改革」に終わり、不利益と混乱だけを負の遺産にした苦い経験を思い出さなければならない。「改革」がつねに正しいわけではない。健康な臓器をいじくりまわされ、機能が損なわれれば、体全体の機能不全に陥るのは当然なのだ。細川内閣のときに、政治改革の名のもとに小選挙区制が導入され、今日の政治の混迷と停滞、政治家の質の低下をもたらした。「改革」の名にだまされてはならないのである。

保守とは何か。真に日本人の心を愛し、日本のよき伝統を愛し、日本の国土を愛し、日本の歴史に残されている、あるいは示されている確かな価値観、規範、節度を尊重し、国の安全を確保し、国民の利益とは何かをつねに問い、国内に秩序と繁栄をもたらし、ひいては世界平和に貢献する。これが保守である。

国難とは、諸外国からの圧力や挑発、侵略であり、国内的には財政・金融・教育の危機、多くの人命と経済基盤を揺るがす大規模な自然災害などによる国家的危機である。今回の大震災と原発事故は国難そのものなのだ。

日本はいま、国難の真っただ中にいる。まず、この認識がなければならない。「政治とカネ」の問題にうつつを抜かしている場合ではない。この国難に、真の日本の力を信じ、敢然と立ち向かう指導者を、私は保守の政治家と呼ぶ。

いまこそ国家の立ち位置、その座標軸を明確に示さなければならない。幕末明治に、列強による植民地化の危機から日本を自存させようと苦悶した思想家・教育者吉田松陰とその弟子や維新を成し遂げた志士たち。そして、他国の侵略から日本を守り抜いた明治の指導者、軍人、そしてそれを支えた国民たち。戦後の焦土から立ち上がり奇跡的な復興を遂げた、その日本人の不屈の精神につながる、真の「憂国の士」、「真の保守」が求められているのである。

●日本の領土が狙われている

私がここになぜ幕末明治の志士、指導者など、真の「憂国の士」をもち出したのか唐突に思われる方もいるかもしれない。だが、国難に関する限り、これら二つの状況と現在の日本の置かれている状況は、瓜二つだと言わざるをえない。財政や教育など、国内的な危機はここではひとまず措くこととする。「外圧」について考えてみたい。

第一編「日本再興へ向けて」の、外交・国防の章で触れたが、東アジアの安全保障に関する限り、日本の置かれている位置はとても危うい。このことをまず認識しなければならない。尖閣諸島の漁船衝突事件の際、中国の抗日運動が盛んに新聞・テレビなどで報道された。その中で、反日デモに参加していた中国人のプラカードで「日本によって不法に占領された沖縄を取り戻せ」というスローガンを目にした方も多いのではないだろうか。「いったい、何のことを言っているのか」「沖縄はもともと日本の領土ではないか」と訝しく思われた方も多いに違いない。だが、彼らの認識は違うのである。

琉球王朝と明・清国は、いわゆる冊封《さくほう》・朝貢貿易を行っていた。中国は中華思想から、貿易の相手国を対等とは認めない。そのため、貿易の相手国に対し、形式的に中国皇帝と君臣関係を結ぶのである。このような関係を結んだ相手国は、もちろん自国領土内の自治も自立も存続し、そのまま中国の領土になるようなことはない。属国などにはなりえない。明・清国との貿易の相手国の君主は、あたかも「臣下」を支配する形式をとるが、その「臣下」は、中国の皇帝とはまったく支配関係をもたないのだ。冊封・朝貢貿易はいわば、中華思想を反映させた中華帝国独自の外交秩序である。普遍的な支配関係の意味は微塵ももたない。

だが、現代の中国はそうは思っていないのだ。一八七九(明治一二)年に、明治政府は、沖縄県の設置、いわゆる「琉球処分」を行った。中国共産党はこれを満州事変と同様に、中国領土に対する日本の侵略だと主張し、琉球諸島の奪還、もしくは実効支配を目指しているのだ。先に触れた抗日デモに書かれたプラカードのスローガンの意味はこのことを背景としている。中国は、尖閣諸島はもちろん、石垣・宮古、先島諸島、そして沖縄本島を含めた沖縄全体の支配を現実的に目標としているのである。

京都大学大学院の教授で国際政治学者の中西輝政氏は、こう指摘している。

「中国に関し、日本にとって一番の問題は、実は長期戦略の中で中国が考える『二一世紀のアジア』像なのです。そこでは、日本を衛星国の状態にして、アジア周辺の親中国の国だけで一つの『閉ざされた経済圏』を作るという大中華構想である」（『日本の「敵」』中西輝政、文藝春秋　二〇〇一年）。このような構想を日本は受け入れるわけにはいかない。

ロシアにおける北方領土の問題、北朝鮮の常軌を逸する韓国哨戒艇沈没事件、韓国・延坪島への砲撃、ミサイル発射実験、核開発。そして、中国は東シナ海、南シナ海に米海軍を寄せ付けず、域外に押し出そうとしている。このことは、日本の〝奪還〟を意味するとともに、日本を衛星国にし「アジア周辺の親中国の国だけで一つの『閉ざされた経済圏』を作るという大中華構想」にほかならない。領土の一部を奪われ、属国となる。これは国難以外の何物でもない。

東日本大震災発生のわずか一〇日後、防衛省は、航空自衛隊の戦闘機がスクランブル（緊急発進）を行ったと発表した。北海道西方から日本海に、ロシアの戦闘機と電子戦機が飛来したためだ。ロシア側には、日本の航空自衛隊の戦闘機部隊が日本海でどれだけすばやく対応するかを偵察する狙いがあったとされている。しかも同じようなスクランブルが災害発生六日後にも発生していた。被災地はもちろん日本全体が悲嘆に暮れているときになぜなのだと、憤りを感じた方も多いと思われるが、軍事・国防においては、日常茶飯のことなのである。災害復興に自衛隊のエネルギーは不可欠である。復興のため一〇万人の自衛隊を動員したが、日本の軍事的疲弊度を、冷徹に測り、試しているのである。同じ時期(三月二六日)、東シナ海ガス田の東方海域で、中国のヘリコプターが警戒監視中の海上自衛隊の護衛艦「いそゆき」に異常接近し、艦の周りを一回周回した。艦艇にとって、極めて危険な飛行であったという。

一方で外国人地方参政権の問題もある。現在、日本には中国から一〇万人以上やってきている。実数はもっと多いとも言われている。仮に、このような人たちに参政権を与え、例えば沖縄や対馬に集団で移住し、住民投票権を得たらどうなるのだろうか。日本の伝統的な秩序は国内から崩れ始めることになる。

日本の独立自尊のために命をかけた、幕末維新、明治の先輩たちの思想と行動、「日本を守る」という一点で結集した真の保守主義を見習うときなのである。

■保守の再結集で国難を回避する

左翼と小沢一郎氏抜きの保守を結集しなければならない。私はそう考えている。

国会議員の約三分の一は左翼（共産党、社民党）である。本書でも述べたが、民主党にも多い。若い頃に反権力、反政府を唱え、行動してきた人間に、この国を任すことはできない。学生・市民集会と政治は違うのである。

「リベラル」という言葉も変質してしまった。リベラルは、政治的に穏健な革新を目指す立場をとりながら、本来は個人の自由を重んじる思想全般の意だが、小選挙区制の影響か、選挙に勝つためには、いっときの情勢によってお盆の上のビー玉のように、立場をころころと移動させる者、その隠れ蓑に使われる言葉に成り下がっているのだ。

「失われた二〇年」と言われるが、政界では、小沢一郎氏による小選挙区制導入と「政治とカネ」の力で引っ掻き回された二〇年でもあった。バブル後の日本の経済と政治の低迷は、小沢氏の暗躍する時期とピタリと符号するのである。中国を重んじ、アメリカを軽視する政治家は日本を中国の属国化へと向かわせる危険を孕んでいる。小沢氏には、政治に対する哲学もない。あるとすればいかにカネを集め、子分に配り、影響力を行使するかである。これは思想でも哲学でもない。小沢氏が信奉していると言われる、「政治は数、数は力、力はカネ」――そんな時代はとうに終わっている。しかも、そんなカネはもう集めることもできないだろう。

●戦後日本の政党史を振り返る

戦後、日本に保守政党が現れたのは一九五五年の保守合同からである。いわゆる五五年体制と言われるものだ。

一九五五(昭和三〇)年自由党と民主党の合同によって日本最初の単一保守政党としての自由民主党が結成された。保守合同が実現した大きな要因は、左派と右派に分裂していた社会党が統一し同党の政権獲得の可能性が生まれてきたことも大きい。そうなるとソ連の衛星国になる危険性も増大する。財界も保守連合による安定政権を望んだのである。

しかし、占領後の「五五年体制」は、摩訶不思議なメカニズムを備えていた。「改憲・保守・安保護持」を掲げる自由民主党と「護憲・革新・反安保」の日本社会党、いわば与党の自民党と野党第一党である社会党の二大政党制を思わせる構図が生まれたのだ。だが、選挙を経るにつれ、自由民主党と日本社会党の勢力比率は二対一。保守と革新といっても、それは〝二大政党制〟ではなく、〝一・五政党制〟だったのである。つまり、政権交代は不可能で、しかも国会での三分の二以上の議席がないために憲法改正ができない。いわば竦《すく》んだ体制ともいえるのである。

当時の国際情勢は、アメリカとソ連による冷戦体制。国内の〝一対・五政党制〟は奇妙な均衡(=もちつもたれつ)を保ちつつ冷戦構造が崩壊するまで続くことになる。〝一・五政党制〟のような体制では、保守が保守としての勢力を研ぎ澄ますことも、また革新が革新としての力を蓄えることもできない。革新勢力は、表面上の「反対のための反対」を繰り返し、政権を担う気概が薄れていくのだ。「非武装中立」を党是とした日本社会党は、極端なイデオロギー主義のため選挙で政権を託せる政党として国民に認められなかった。つまり、政権を託すことができる政党は自民党だけだったため、与党内の内向きで即物的な権力闘争が日本政治の最も目立ったカルチャーとして、長期にわたって培われる温床になったのである。このような状況で、真正の保守が育つことは極めて難しい。国難など意識にのぼらず、目先の権力闘争に明け暮れるのである。

●利益配分のみに終始した政治

ここに高度成長が訪れるのである。日本は、西側同盟への追随国家として、経済の拡大のみに関心を向けることになる。結果として、経済成長の果実の配分だけが政党の役割となり、日本政治のさらなる矮小化を促し「永田町政治」へと結晶させたのである。税収も増え、おカネもたくさんある。政治は結局、予算配分、利益配分だけでやっていくことができたのだ。族議員が生まれ、官僚への過度の依存も生まれる。自民党が非難を浴びても、「何だかんだといってもやっぱり自民党」と言われ、選挙に勝ち続けることができたのは、支持団体への利益＝果実の配分があったからにほかならない。

しかし、果実の分配においてさえ、実務の執行者である官僚機構に比べ、政党はどうしても当事者意識をもつことができなかった。なぜなら、実務知識を欠く「擬似エリート集団」にすぎなかったからである。政党政治家たちは、官僚のクライアントとなるしかなかったのだ。これがまた戦後政治のあざといポスト争奪の「数合わせゲーム」に彼らを専念させることになる。

一九九三(平成五年)年、細川政権が生まれる。政権は一年ともたなかったが、非自民・非共産連立政権のこの内閣の発足により、保守合同での結党以来三八年間政権を維持し続けた自由民主党は初めて野党に転落した。いっとき自民党が下野したのは、経済成長にブレーキがかかり、利益＝果実の配分がそれまで通りにはいかなくなったことも大きな原因といえるのだ。特に、バブル崩壊後のいわゆる「失われた二〇年」は、「カネの切れ目が縁の切れ目」ではないが、一家の大黒柱の収入が極端に落ち込むと家庭にごたごたが生まれやすくなるように、さまざまな不都合が発生する。ところが、経済成長の低迷と景気の悪化、財政の逼迫にもかかわらず、その根本原因に手をつけることなく、国民に甘い言葉を囁くことで政権を維持し、何とか選挙にのみに勝とうとしたのである。政治に一層の混迷がもたらされることになる。ここに真の保守の姿は見えなくなるのである。

政党内部について言えば、自民党ばかりではないが、日本の政党は政治的同志の集まりというよりも、そもそも初めから「選挙互助会」として、自らの権力を担うものではなく、権力の「分け前」に与ろうとする軍団にすぎなかったのだ。民主党が鳩山氏や小沢一郎氏の私党になっている事実を見ればそれがよくわかる。これらは「理念軽視」の権力志向といえるが、それゆえに「数合わせの離合集散」や「選挙に勝てない首相」を性急に引きずり降ろす現象が繰り返される理由ともなっているのである。

●膠着状態の日本政治

政党が国家体制の主人公たりえなかった現実は、政治の世界に人材の払拭をもたらすことになる。欧州では、社会の最有力のエリートたちが国会議員になっている。それに対し戦後の日本は、有能な人材は主に官僚機構やビジネス界に流れた。政党政治家たちが「二流の人材」としてのあり方と、政策決定の場での官僚主導ゆえの「局外者意識」がさらに彼らをして無責任な権力闘争への嗜好を強めさせたのである。「局外者意識」に基づく権力闘争の不毛さが集団意識と結び付き派閥政治をもたらす。同時にまた、日本政治における極端なまでの選挙運動の激しさを際立たせ、政治家たちにニヒルな権力と金力への盲従を促してしまったのである。

日本の政党においては、実際には権力を有しない者同士の「猿山のボス争い」といった行動様式が定着し、政策を論ずることなく「腕力」や「金力」、あるいは「人寄せパンダ的人気」を備えた政治家が力を発揮することになる。さらに悪いことに、「腕力」や「金力」、あるいは「人寄せパンダ的人気」こそが政治だと錯覚する極めて前近代的なカルチャーが蔓延するのである。このカルチャーは自民党も等しく共有しているが、民主党内の二大勢力が、つねにゴタゴタを起こす火種になっているのを見れば明らかだろう。

このことは、日本の政党政治家が官僚層に匹敵する国家観さえもてなかったことにもつながってくるのだ。いまこそ、感情に流されず、現実を直視し、強靭な政治哲学に裏打ちされた、真の保守の国家観が求められているのである。

●真の保守の国家観とは

真の保守の国家観とは、国際社会で歴然と行われている外国との各種競争の中で自国が埋没しないように意識する「横軸」と、歴史や伝統をもとにしつつ、自分たちの次の世代に国家の成果を受け渡していこうとする「縦軸」の双方を強く意識することによってのみ生まれてくる。それは自国の存在に自信をもつことである。このような資質は、国民の負託に対し、誇りと国家指導者としての責任感に人生の幸福を感じる人間観に根ざした政治家に凝縮されるものである。つまり、ひと言で言えば、「国民目線」からは大きく離れた未来を見通す確かな目線をもつ政治家である。

「国民目線」とは、国民に迎合する目線でしかない。日本国民を、自尊と尊厳ある未来に導くためには、感情に流されず、冷徹に現実を直視し、合理的な判断の上に立って真の国民の利益とは何かを考える「保守政治家の目線」こそが必要なのだ。大衆の熱狂は、多くの場合国家を誤った方向に向かわせるのである。

「保守政治家の目線」とは、中長期的な国の未来を見据えた確かな目線である。それが本来の国家観のあり方の根本を形成するものなのである。

●検証し、疑うことなくメディアに過剰に垂れ流す罪

現在、ここに大きな狂いが生じている。外よりも内だけを見て、ローマ帝国崩壊の原因となったパンとサーカスのバラマキと同じように有権者の歓心を買おうとする。子ども手当、農家の戸別所得補償、高速道路無料化、高校の無償化。いわゆる四Kと呼ばれる、他人(国民)の財布でバラマキを行う無責任な集団、すなわち客寄せの甘い言葉のみ声高に連呼する物売りのような民主党のマニフェストがそれをよく表している。

選挙に関しても与党の政治家に国家観などなく、庶民・国民と同じ目線、すなわち迎合主義、ポピュリズムに陥っているのは明白である。さらにマスコミは、視聴率が取れそうな政権・政策やスキャンダルだけをあざとくピックアップしポピュリズムそのものだけを煽りに煽った。細川政権誕生時の「政治改革」、小泉政権時代の「イエスかノーか」「自民党をぶっ潰す」、鳩山政権の「政権交代」のスローガンなど、何ら検証し、疑うことなくメディアに過剰に垂れ流したのである。そして私はそのポピュリズムのために、見事に「抵抗勢力」「守旧派」と呼ばれた。

最近は、民主党政権の立て続けに起こる失政を目にして、マスコミは官僚的な安定性を求める方向に針を振り始めている。民主党政権の失政が続けば、日本はさらなる混乱へと向かうのは火を見るよりも明らかなのである。野田政権も同じである。

「政治主導」に関して言えば、本来なら政党は官僚機構を覆い尽くすだけの指導力と政権維持能力、政策の構想力が不可欠である。だが、マスコミも民主党のマニフェスト違反について、政治的アカウンタビリティ（説明責任）を要求していない。政党、官僚、マスコミのまさに三竦み状態が続いているのだ。身動きがとれなくなっているのである。政党が無責任な内輪もめに明け暮れるのは、「民主主義は国民レベル以上の政治はできない」「政治は民度を反映する」と国民を見くびり、たかを括っているからだろう。

●劇場型政治を今に続ける名古屋の河村氏

ポピュリズムの弊害、マスコミ＋小泉政治の手法は過去のものではない。現在も脈々と生き続けているのだ。愛知県知事選、名古屋市長選で既成政党を尻目に河村たかし氏率いる地方政党「減税日本」が勢力を拡大した。河村氏は、「市民税減税が政策の一丁目一番地」としながらも、議員報酬の半減など議会との徹底的な対決姿勢を打ち出し圧倒的な勝利をえたのだ。そこに議会を守れという声は大きく挙がらず、議員たちはむしろ特権にあぐらをかいた悪代官とその一派のような構図が生まれ、市民からは白い目で見られ、追い詰められる。市民は、そのおろおろした姿に喝采を浴びせるのである。

しかし、冷静になればすぐにわかることだ。一〇%の減税に必要な財源は、二〇〇億円。議員報酬を半減させたところで、せいぜい六億円程度しか捻出できない。河村氏に同調する統一地方選の立候補者は増大し、ここぞとばかり「減税」を公約に掲げる。だが、名古屋市は、一兆八〇〇〇億円の市債残高があり、二〇一〇年度には五年ぶりに地方交付税の交付団体に転じているのだ。自分のところで減税をするのは結構だ。だが、他の地方で取った税金を地方交付税のかたちで受け取るというのは、許されることなのだろうか。全国の行政サービスを一定水準に保つという地方交付税の制度そのものが揺るがされるのではないだろうか。自分だけがお金を安く払い、その分、人が集めたお金で補塡し、すました顔で会計を終えようとする人間を、仲間は快く思うだろうか。

ここにも、先に紹介したローマのコロセウム政治が展開されているのだ。「パン（減税）と見世物（議員を悪者に仕立て上げる）」。この〝劇場〟は、人のお金を掠め取ってまで、自分たちの〝入場料〟を安くしようというメカニズムを含んでいるのではないだろうか。

このご時世である。指導者やリーダーは身を切るような努力を示す必要はあるだろう。だが、極端な報酬減は、時間が経過するにつれ、質の低下した人材しか集まらない最悪の結果を招くことに直結する。議員の報酬を削減したところで、その地域や団体の逼迫した財政にとって「焼け石に水」にもならないのだ。劇場型の政治は、真実を覆い隠す効果とともに一時の熱狂しか生まないのである。真に必要なことは、その報酬に値する政治家を選任し、報酬に見合った働きをさせることなのである。

理想は、夢想、空想、幻想であってはならない。理想、あるいは理念が、いかに現実にそっているか、政治家は、絵に描いた餅にならない財政的な裏付け、根拠、説得可能な論拠をもちあわせていなければならない。感情に流されず、冷徹に現実を直視し、真の国民の利益とは何か。合理的な判断の上に立った、「保守政治家の目線」がなければならない。

■歴史的必然としての「国家は衰退する」

われわれ人間は成長し、成熟期を迎えようとするとき、更年期障害に見舞われたり、いくつかの成人病が発見されたりする。実は国家も同じような経過をたどるのではないかと思われる。いわゆる先進国は、その成長にブレーキがかかり、国家の成人病ともいえる共通した悩みに遭遇するのである。少子高齢化社会の到来により、従来と同じような社会保障ができなくなる。税収も落ち込む。それらはダイレクトに財政を逼迫させるのである。産業の空洞化と中間層の減少、失業率の増加。そして、バブルが発生し、それが崩壊することで大きなダメージをこうむる。日本もバブル経済がはじけた一九九〇年から、経済の停滞が続き「失われた二〇年」の陥穽に落ち込んだ。このままいくと、「失われた三〇年」になりかねない危機に直面しているのである。

「衰退というものは、何も異常なことではない。ある文明や国家が発展し、成熟し、やがて衰退するというのは、あらゆる歴史に共通するリズムである。誰であれ、そこから抜け出すことはできないが、そのプロセス自体から抜け出せないからといって、恐れることもない。人間の一生と違うのは、国家や社会は再生することがある、ということである。それゆえ、大事なことは、必ず訪れる衰退というものを直視することであり、それをどのように取り組むか、なのである」

（『なぜ国家は衰亡するのか』中西輝政、ＰＨＰ新書、一九九八年）。

ローマ帝国、スペイン帝国の崩壊、そして大英帝国の衰退。アメリカも財政赤字と貿易赤字の双子の赤字を抱え、その国力を減退させ、国際社会における影響力は弱まっている。

危惧されるのは世界全体が超インフレに見舞われることだ。ドル安、ユーロ安が続き、日本は円高だが、これも日本の財政がしばらくは破綻しないだろうという現時点でのマーケットの判断によるだけのことで、その〝のりしろ〟はあと二年ほどではないかと懸念されるのである。東日本大震災と原発事故の復旧・復興、事故収束は財政に重くのしかかる。

ギリシャ神話に「ダモクレスの剣」という故事がある。繁栄を脅かす危機、というより、現実は常に危機に満ち溢れているというたとえである。王の椅子に座ったダモクレスの頭上に、天井から髪の毛一本で剣がつるされる。いつ切れるやもしれないのである。

帝国主義時代の大国は、植民地を手放すときから衰退に向かっている。また、世界の工場がイギリスからアメリカ、日本、そして中国に交代した。世界の工場としての役割を終えるときから衰退が始まる。ユーロ圏の中でも、ギリシャ、スペイン、ポルトガル、そしてアイルランドは財政危機に見舞われている。ユーロを支えるドイツも旧東ドイツを抱え苦しんでいる。イギリス、フランスも同様に財政で四苦八苦している。

中国の発展は驚異的だが、安定した未来が約束されているわけではない。一般に新興国の一人当たりの国内総生産(GDP)が三〇〇〇～八〇〇〇ドルに達すると経済成長は頭打ちになり、所得格差が拡大し、社会紛争も起きやすくなるといわれている。中国は三〇〇〇ドルを超え、その危険水域に入っている。国家資本主義の限界が露呈し、いつの日か衰退の時期を迎えるのは必然である。そこに、北朝鮮の暴発の懸念の増大に加え、ロシアが不気味に領土の実効支配をますます強め、その野心をいつの日かむき出しにするおそれも否定できない。そこに私が主張している「二〇二〇年問題」「二〇五〇年問題」が絡んでくるとしたらどういう事態になるのだろうか。

第二章　保守による日本再興の道

■悲観するには及ばない。国家や社会は再生可能である

私は一〇年前から、財政再建を訴えてきた。二〇〇一年の森改造内閣のとき、財務副大臣に就任した。毎年二％ずつ消費税を上げ、そして毎年二％の歳出削減をしたいと主張してきた。一〇年たつと二五％の消費税になっていたはずだ。しかし歳出削減も同様に進行するので、財政再建の方向性はぎりぎり見えてきたはずだ。だが、受け入れられなかった。小泉内閣は不十分ながら民主党のバラマキに比べればましな歳出の削減は行ったものの、消費税増税は四年間行わなかった。続く内閣はもちろん、民主党になっても四年間はやらないという。消費税アップは政権にとってトランプのババなのだ。誰もそのカードを引き抜きたくないのである。

消費税と選挙の関係について簡単に振り返ってみよう。消費税が初めて選挙の争点になったの

は、一九七九年の大平内閣の衆院選。前年に「一般消費税」の導入を打ち出したが、自民党は過半数割れの大敗を喫している。一九八六年の衆参同日選挙では、ときの中曽根首相が大平内閣の失敗を教訓にしたのか、大型間接税はやらないと訴え、三〇〇議席を超える勝利を得ている。消費税増税を強行採決で決めた竹下内閣は、消費前導入二か月後に辞任を迫られ、その後継の宇野内閣は八九年の選挙で大敗。九三年細川首相は、深夜の国民福祉税構想の発表が政権の大きなダメージとなり、退陣へのスピードを加速させた。

消費税を五％に引き上げる税制改革法案の成立は一九九四年、村山内閣のときである。実施は九七年からだが、一九九八年の参院選で自民党は大敗し、当時の橋本首相は退陣を余儀なくされている。民主党に政権が移行してからは、菅内閣のときに唐突な消費税増税の提起をし、民主党は参院選で惨敗している。このようにここ三〇年間、消費税の導入の必要性を訴えた首相はことごとく選挙で苦戦、もしくは退陣を余儀なくされているのである。トランプのババは誰も引きたくはない。選挙における消費税増税は、もはやトラウマと化しているのだ。

だが、冷静になって考える必要がある。借金依存から抜け出すため、一般消費税の導入は不可欠である。だが、子供から大人、お年寄りまで広く負担を求められる消費税に対する世論の反発は強く、消費税構想はいつもあっけなく潰れる。そして借金は膨れ上がるのである。税を取る側の理屈と、取られる側の感情。その隔たりは大きい。いまでこそ国民の理解は深まりつつあるが、アレルギーがないとはいえない。しかし、待ったなしの状況が迫っているのである。

もし森改造内閣当時、私の提案を受け入れてくれたなら、少なくとも日本の財政破綻へ向かう傷口だけでも縫うことができただろう。大雑把に言って、現在の税収は四〇兆円未満。歳出が九〇兆円以上。四〇〜五〇兆円の赤字である。人間の体でいえば大量の血液が流出しているのに、誰もその傷口を縫うことができないでいるのだ。財政再建は国の衰退を防ぐためにも避けて通ることはできないのである。財政だけではない。話を元に戻そう。歴史的必然ともいえる国家の衰退は、甘んじて受け入れなければならないものだろうか。

だが、悲観するには及ばない。ここはじっくりと腰を据えて対処すべきなのである。

「欧米の先例はわれわれに多くのことを示唆してくれる。すでに衰退を経験し、対処においても熟練した欧米の歴史は、実にありがたい智慧の宝庫なのである。八〇年代に日本人は、『もう欧米に学ぶべきことはない、これからはわれわれがフロント・ランナーだ』と思ったのだが、実はそうではなかったのだ。欧米は衰退については依然としてわれわれよりもずっと先進国なのである」(中西前掲書)。

欧米の先例に学ぶことは多いに違いない。もうそろそろ成功体験に別れを告げ、ないものねだりともいえる右肩上がりの成長幻影を追うのではなく、冷静に衰退のメカニズムを知り、それに謙虚に対処すべきなのである。ここは、「人間の一生と違うのは、国家や社会は再生することがある」ことを認識すべきであろう。国家や社会は再生することが可能なのである。

■民主主義の根幹を揺るがす中間層の不安定化

日本はもちろん民主主義国家だが、細川政権の一時期を除き自民党政治が長期にわたりその政権を維持してきた。一党独裁ではないが、一つの党がかくも長く日本の政権を担ってきたことについて中国は注目しており、格好の研究材料になっているという。一党の支配がかくも長く続いたその秘密を共産党支配の強化、継続性につなげたい思惑がある。

戦後の経済成長のさなか、日本は〝一億総中流〟といわれた。中流の厳密な定義はさておき、意識として中流であると感じていた人が多かったことは、中間層のボリュームが巨大であったことを意味している。また右肩上がりの成長期は、利益＝果実を分け与えることで中間層も満足してきたのである。このような時代には、国民は年齢を重ねるほど自民党の支持者となっていった。安定志向が保証されると考えるからである。

ところがいま中間層に変化が現れている。中間層がひどくダメージを受けているのである。中間層の不安定化は民主主義にある種の揺らぎを与える。産業革命から始まった中間層の拡大が、社会の多数派としての民主主義を支える根幹であった。日本の場合、世帯所得の中央値は、だいたい四二〇〜四三〇万円といわれていた。ところが、この一〇年間で一〇〇万円も減少している。三〇〇万円未満の世帯の割合が一〇年前と比べ一〇％も増え、三割を超えているのである。そこにデフレが進行し、年功序列のシステムが崩壊した。派遣切りという現実につねに直面している非正規雇用が増大し、格差が広がる。与えられるパイも少なく、そのほとんどは赤字国債で賄われる。自民党の支持基盤であったそれらの中間層は、不安にさいなまれ、「変革」という言葉に引き付けられるのである。ここにポピュリズム（大衆迎合主義）が入り込む余地が出てくる。

ポピュリズムの危険性については、繰り返し語ってきた。財源の確証がないままバラまき、中間層はその利益にありつくためにバラマキ体質の政権に期待してしまうのである。無党派層もなだれを打ってバラマキの利益にあずかろうとし、選挙の行方を大きく左右するのだ。それはローマ帝国崩壊に導いた「パンとサーカス」の国民への迎合なのである。

財政不安は雇用不安に直結している。これは日本ばかりではない。欧州では反イスラムが台頭、また極右政党の影響力が増している。

また、議院内閣制の政治体制において、立法府でどの政党も議席の単独過半数を獲得していないし、いわゆるハング・パーラメント「宙ぶらりんの議会」が、イギリスやカナダに出現している。どの政党も過半数を確保できない状態は、特に欧州では顕著になり、日本では衆参での「ねじれ現象」をも引き起こしている。少数の第三極が躍進すれば、政権への思惑も生じ、政治は混沌とする。悪化する財政などの諸問題を抱えている場合、政治の安定は欠かせないが、このような状態は、政治に不透明感を招くのだ。財政の再建はどの政党にとっても喫緊の課題として共通に認識されているものだが、三竦み、四竦み状態となって、政策にスピード感が失われ、政治は停滞するだけである。政治の停滞は、国家の衰退そのものなのである。市場の拡大と経済の建て直し、そして中間層の安定化。これらができなければ、経済ばかりではなく民主主義そのものが脅威にさらされるのである。

●労働組合に牛耳られる民主党

政治とカネにまつわるスキャンダルはこれで終わりにはならなかった。二〇〇九年の選挙に際し、民主党の小林千代美衆議院議員(北海道五区)陣営を巡る選挙違反事件と北海道教職員組合(北教組)から提供された一六〇〇万円の違法献金事件が発覚した。

札幌地検は、北教組委員長代理ら二人を政治資金規正法(企業・団体献金の禁止)違反で起訴した。そもそも公立校の教員は、政治的中立を保つために選挙運動への直接的関与が禁止されている。だが、日教組がかかわった事件はこれが初めてではない。二〇〇四年の参院選挙では日教組出身の輿石東参議院議員のために山梨県教組の幹部が集めた寄付金を、収支報告書に記載しなかったために罰金の略式命令を受けているのだ。

民主党議員の多くは労働組合の強力な支援をバックにしている。というよりも、その選挙戦たるや「労組丸抱え選挙」そのもののすさまじさなのである。日教組の集票力は一八〇万票を超えている。組合員六七五万人を抱える連合は、長年にわたり民主党を支え、鳩山政権成立後はますますその存在感を強めている。かつての鳩山内閣を眺めてみるだけでも、連合傘下労働組合出身者や支援を受けている閣僚が多かったのである。

平野博文官房長官（電機連合）、川端達夫文部科学相（ＵＩゼンセン同盟）、赤松広隆農林水産相（運輸労連・ＪＰ労組）、直嶋正行経済産業相（自動車総連）、中井洽国家公安委員会委員長・拉致問題担当相（ＪＰ労組）、仙谷由人行政刷新担当相（自治労）、小沢鋭仁環境相（ＪＰ労組）……。こればかりではない、横路孝弘衆院議長は、日教組・情報労連の推薦を受けている。そして、連合は内閣に四人の副大臣を送り込んでいるのだ。民主党の衆参議員は四一七人。そのうち五四人が連合傘下内議員なのである。

労組が設立した政治団体の活動も目立っている。ＮＴＴ労組系の「アピール21」はその代表格である。ＮＴＴ再編問題を抱え、組織の見直しに反対する方向に動いている。「アピール21」の組合員は一〇万人超。会費収入は年間二億円以上。二〇〇九年の選挙では民主党一八人、国民新党一人の計一九人の国会議員への献金を行い、その総額は六二〇〇万円である。ＮＴＴ労組出身の田島要衆院議員一〇〇〇万円、要のポストに就いた横路孝弘、菅直人、原口一博の三氏に五〇〇万円。仙谷由人、赤松広隆、枝野幸男の三氏には各四〇〇万円の資金を提供している。また、NTTの監督官庁である総務省には、NTT労組出身の内藤正光参議院議員を総務副大臣として送り込んでいるのである。労組出身の副大臣就任は、政策論議のうえで公平さを欠くと懸念されているのだ。

民主党は、企業団体献金の禁止を唱え、まだ舌の根も乾かぬうちに再開を宣言したが、まず労働組合関連の政治団体からの献金について、即刻受け取りを拒否すべきなのである。労働組合はかねてより経理の不透明さも指摘されてもいるのである。労働組合による特定政党支持の強要はやめるべきだろう。そうでなければカネも出すが口も出す労組に牛耳られる結果になるのは目に見えているのである。

民主党のマニフェストには、公務員人件費を二割削減するような表現が含まれている。公務員の人件費は国と地方で三〇兆円ほどになる。二割削減すれば五兆円もの財源が生まれる計算になる。だが、官公労組の選挙支援を受けている民主党にそれができるわけがない。自分たちの給料を下げる改革を唱える政党を、応援などするはずがないからである。

■将来は中国の属国か？——保守の再結集を図らねばならない

政党が世論をリードするためには、目先の党利党略を超えられる強い国家意識が必要となる。だがいまの日本の政党にそれを求めることはできない。日本は、「どん詰まり」に追い込まれているのである。世界の歴史を見ても、日本、あるいは日本人は、危機が現実化し、本当の破局に立ち至って初めて国民が気付き、政治が大転換するということを繰り返している。破局シナリオがなければ変わらないのである。危機を大げさにとらえないというのは、いいことでもあるのだが、反面、滝つぼに落ちるまで気付かないという悲劇にもつながる。

太平洋戦争の敗戦、プラザ合意における通貨戦争の敗北によるバブル経済の隆盛とその崩壊。一〇〇〇兆円に迫ろうとしている国債発行残高と財政の逼迫。財政の破綻の危険性は、目前に迫っている。教育、モラル、社会の劣化はとどまることを知らない。これでは全面崩壊につながりかねない。特に安全保障問題は「待った」がきかない。安全保障の破局が先にくる可能性は想像以上に大きいのである。

「もはや中国の脅威に抗しえない」状況に至る危険性は十分にあるのだ。それは次のようになることなのである。中国に実質的な外交権を委ねて生きるしかない、つまり、中国による日本族自治区になること。一〇〇年前の韓国と同じ情況が出現するのだ。日本の財政と安全保障、外交のすぐ先にある〝滝つぼ〟がこれである。ちょっと耳を澄ませば、その滝の水音が聴こえてくる。水煙もすぐ先に見えてくる。

そうならないために、近代政党の要件である自立した安全保障政策、経済成長戦略を全面に掲げた、保守勢力の大編成、保守新党の結成がなされなければならない。内と外の脅威はどの政党でも同じである。ただし、日本の周辺国は一貫して、日本における本来の保守新党の結成を阻止するために動くことを国策にしているのを忘れてはならない。

まず、対立軸を明確にすべきだろう。財政について、「大きな政府(福祉重視)」をとるのか、「小さな政府(成長重視)」をとるのか。安全保障、外交については、「中国」を重視するのか、「アメリカ」との同盟関係を強固にするのか。憲法については、「護憲」なのか、集団的自衛権の行使を含めた「改憲」なのか。目指す真の保守政治は、後者である。

近代日本は、維新をなしとげ、髷《まげ》と刀を捨て、近代軍備を整え国を強くすることで日清、日露の戦いに勝利した。戦後、焼け跡の中から経済を復興させ、世界の奇跡と呼ばれた経済成長を果たし、自由主義社会で第二位という経済規模を誇った。国民は世界の一流国になったと自信を深めた。だが、このような成功体験はもはや通用しない。東アジアにおける安全保障環境の緊迫化と財政崩壊の危機という国難、それを保守の再結集で回避しなければならないのである。

●世界史の中に三度登場した村上水軍

村上家の歴史について書いてみる。私が現在、どのような志のもとで政治活動をしているのか、少しでも参考になれば幸いである。

村上家のルーツは、瀬戸内海の要衝を押さえた村上水軍にある。愛媛県能島《のしま》を本拠地として、因島と来島に分家がある。村上家の代々の教育方針は、水泳のスパルタ教育で子どもを鍛えることにあった。私は一八代目の当主となるが、物心つくと海に放り込まれた。いまでも一〇キロメートル泳げと言われれば、すぐに泳ぐことができるはずだ。いや、言いすぎた。浮くことはできるだろう。

村上水軍は世界史の中で三度登場している。第一は、元寇の役でモンゴルの軍隊を追い払ったこと。第二は明が滅ぶ原因をつくったこと。ルソン島周辺で荒し回ったいわゆる倭寇は、村上水軍だったのである。第三は日露戦争。秋山兄弟の弟真之は日本帝国海軍の参謀で、日本海海戦に備え戦略を練る。その際能島村上水軍の古文書を研究し、そこにヒントを見出した。いわゆるT字型戦法を編み出しロシアのバルチック艦隊を撃破し、日露戦争の勝利を日本にもたらした原動力となったのである。

このような先祖をもつ村上家の家訓は、「国家の大事には親兄弟の屍を乗り越えて戦え」である。曽祖父・紋四郎（衆議院議員、今治市長、愛媛県議会議長、宮窪村長）、祖父・常太郎（最高検察庁次長検事・弁護士)、伯父・孝太郎(大蔵事務次官、参議院議員全国区)、父・信二郎(衆議院議員、防衛庁審議官)。いずれも故人であるが、彼らも村上家の家訓を胸に、お国の仕事に励んでいたはずである。

現代は戦争の時代ではない。その悲劇を繰り返してはならない。だが、政治は一方で硝煙なき戦争でもある。私の原点はつねに故郷にある。日本にある。そして、命を張る覚悟はできている。

●生死を度外視して何かを成し遂げる心構え

好きな本を一冊挙げろと言われれば私は躊躇することなく『世に棲む日日』(司馬遼太郎著)と答える。明治維新の大変革に向かい、倒幕へと突き進んだ長州藩の吉田松陰と高杉晋作を中心にして、変革期の人物像を描いた物語である。

松陰は海外渡航を企て、国禁を犯した罪で郷里の萩郊外に蟄居させられる。その後、安政の大獄で死罪に処せられるまでの三年間を粗末な小屋で私塾「松下村塾」を主宰。高杉をはじめとして、久坂玄瑞、伊藤博文、山県有朋ら約八〇名の優れた門下生を輩出した。松陰は言う。「人間というものは、生死を度外視して何かを成し遂げる心構えこそ大切なのだ」と訴える。次代を担う若者を相手に、その思想の種を蒔き続けた結果、狂気に満ちた、すさまじいまでの尊王攘夷運動に成長する。命を懸けて改革に突き進んだ吉田松陰は三〇歳で、高杉晋作は二九歳でその命の炎を燃焼させた。私はこの小説を大学在学中に読み、未来の国家のために自らの命を賭けて邁進していった松蔭の姿に深い感銘を受けたのである。

革命家たちは自身の理想の社会を得ようとして革命を起こしたのではなく、「流れ」として時代を動かしたのである。私はすぐれたリーダーや政治家には、①勇気、②信念、③先見性が何よりも必要だと考えている。将来に対する危機や解決すべき問題に対し、科学的な根拠に基づき、自分で考え抜く洞察力を深め、リスクを承知で正しいことを正しいと主張する(先見性)。そして、信念をもって実行に移す勇気を備えた人間。少なくとも、選挙に落ちるから本当のことを言わない政治家など論外なのだ。

また、将来の危機や解決すべき問題に対し無感覚、無勉強で、人気取りだけに躍起になっている政治家は、そもそも政治をやる資格がないだろう。大衆におもねり、ご機嫌だけをとることに躍起になる。ポピュリズム(人気主義・大衆迎合主義)に走る政治家は、国家そのものを破滅に導く。社会や企業のリーダーも同様だ。

東日本大震災と福島第一原発事故は、必ず克服できる。世界がこのような原発事故を二度と起こさないためにも、万が一のときでも日本が過酷ではあるが問題解決に向けたプロセスをきちんと世界に提示することはより重要である。

政治家や企業・社会のリーダーとして大切なのは、建前論ではない。実体論、現実論から出発し、勇気と信念を持って問題解決に立ち向かうことであり、これが日本の再生に何よりも必要なのである。少なくとも私はそう信じているし、現在もその気持ちをもち続けている。宮澤賢治は『農民芸術概論』(一九二六〔大正一五〕年)の中でこう言う。現代の表記に直して書いてみる。

「世界全体が幸福にならないうちは、個人の幸福はありえない」

リーダーや政治家、もちろん私にとっても、ずしりと重く響く言葉なのである。

おわりに

私は、政治家として長年、日本の国政に参画してきた。しかし選挙は非常に重く、多大なエネルギーを必要とするものだった。その責務のために、基礎的な勉強を続け、近年急速に増加しつつある世界の知識を網羅し、ボーダーレス新時代に対応する哲学をつくることが極めて困難な時代にいることも痛感してきた。その壁を破り、日本がどこへ向かうべきなのかを探るには、まずは人類の向かうべき方向を理解し、その上で日本が果たせる役割を考えなくてはならないと信ずる。日本だけを考えていては道を誤る。この重い課題の解答は、どの本にも書いていないし、誰にもわからない。ならば専門を異にする多様なスペシャリストからなる小さな政策研究組織「21世紀戦略研究室」をつくり、政治・社会、現代の人類が抱える問題を突き詰めて考えることから始めようと思った。社会のシステム一つをとっても複雑だが、理解の方向はまずは基礎的な部分から理解することだと考えた。

本書は、現時点の私の理解をできるだけわかりやすく解説したものである。どこまでそれができたかは心許ないが、さらに精進を重ねたいと思う。この組織を企画し、多種多様な人材を集め、会を運営して下さった柳井修一氏、中平宏氏、また、すぐれた研究に対し敬意の念を込めつつ、いつも注目させていただいている丸山茂徳教授、最後までわれわれを後押しして下さった東信堂下田勝司社長、また、つねに応援いただき、励ましていただいた多くの皆様、そしてわが研究室のメンバーに深く感謝したい。

村上誠一郎

【参考文献】

麻生太郎　とてつもない日本、新潮新書、新潮社、二〇〇七。
麻生太郎　石破茂、平沼赳夫、与謝野馨　「国力」会議―保守の底力が日本を一流にする、責任編集浜田和幸、祥伝社、二〇〇八。
アタリ、ジャック、林昌宏訳　21世紀の歴史―未来の人類から見た世界、作品社、二〇〇八。
アタリ、ジャック、林昌宏訳　国家債務危機、作品社、二〇一一。
安倍晋三　美しい国へ、文春新書、文藝春秋、二〇〇六。
猪口孝　地球政治の構想、NTT出版、二〇〇二。
石原慎太郎　わが人生の時の人々、文藝春秋、二〇〇二。
石原慎太郎　新・堕落論、新潮新書、新潮社、二〇一一。
石破茂　国防、新潮社、二〇〇五。
ヴォルコゴーノフ、ドミートリー、生田真司訳　勝利と悲劇―スターリンの政治的肖像　上下、朝日新聞社、一九九二。
潮木守一　アメリカの大学、講談社学術文庫、講談社、一九九三。
潮木守一　大学再生への具体像、東信堂、二〇〇六。
内橋克人　共生の大地―新しい経済がはじまる、岩波書店、一九九五。
馬越徹　韓国大学改革のダイナミズム―ワールドクラス(WCU)への挑戦、東信堂、二〇一〇。
梅原猛編集　文明と環境第15巻、新たな文明の創造、朝倉書店、一九九六。
江藤淳　日本よ、亡びるのか、文藝春秋、一九九四。
大前研一　新・資本論、東洋経済新報社、二〇〇一。
小沢一郎　日本改造計画、講談社、一九九三。
小沢一郎　剛腕維新、角川書店、二〇〇六。
小沢一郎　小沢主義―志をもて、日本人、集英社インターナショナル、二〇〇六。

海音寺潮五郎　覇者の条件、文春文庫、文藝春秋、一九七九。
カウフマン、スチュアート、米沢富美子訳　自己組織化と進化の論理―宇宙を貫く複雑系の法則、日本経済新聞社、一九九九。
カーソン・レイチェル、青樹簗一訳　沈黙の春、新潮文庫、新潮社、一九六二。
加藤周一、M・ライシュ、R・J・リフトン、矢島翠訳　日本人の生死観下、岩波新書、岩波書店、一九七七。
金森修　サイエンス・ウォーズ　東京大学出版会、二〇〇〇。
金子勝、アンドリュー・デウィット　メディア危機、日本放送出版協会、二〇〇五。
神谷秀樹　強欲資本主義のウォール街の自爆、文春新書、文藝春秋、二〇〇八。
木田元　反哲学史　講談社学術文庫、講談社、二〇〇〇。
キンドルバーガー、C・P、中島健二訳　経済大国興亡史、1500–1990 上下、岩波書店、二〇〇二。
黒岩徹　決断するイギリス、文春文庫、文藝春秋、一九九九。
古賀茂明　日本中枢の崩壊、講談社、二〇一一。
小杉泰　イスラームとは何か、講談社現代新書、講談社、一九九四。
堺屋太一　組織の盛衰、PHP新書、PHP研究所、一九九六。
堺屋太一　時代が変わった、講談社、二〇〇一。
堺屋太一　大激震、実業之日本社、二〇〇八。
堺屋太一　凄い時代―勝負は二〇一一年、講談社、二〇〇九。
堺屋太一　第三の敗戦、講談社、二〇一一。
斉藤斗志二、斉藤喜一郎　ついに見つけた日本の新路―新しい国づくりは参議院と都道府県の廃止から、産経新聞出版、二〇〇九。
佐藤忠男　戦争はなぜ起こるのか、ポプラ社、二〇〇一。
佐藤優　自壊する帝国、新潮社、二〇〇六。
司馬遼太郎、ドナルド・キーン　日本人と日本文化、中公新書、中央公論社、一九七二。

司馬遼太郎　日本人を考える対談集、文春文庫、文藝春秋、一九七八。
司馬遼太郎「明治」という国家、上下、NHKブックス、日本放送出版協会、一九九四。
司馬遼太郎　ロシアについて―北方の原形、文春文庫、文藝春秋、一九八九。
須川清司　外交力を鍛える、講談社、二〇〇八。
杉山徹宗　侵略と戦慄　中国4000年の真実、祥伝社、一九七三。
関岡正弘　膨張するストックの時代―マネー文明の経済学。ダイヤモンド社。一九九〇。
高谷好一　多文明世界の構図、中公新書、中央公論社、一九九七。
多木浩二　戦争論、岩波新書、岩波書店、一九九九。
田久保忠衛、古森義久　反米論を撃つ、恒文社、二〇〇三。
立花隆　宇宙　地球　生命　脳2―100億年の旅、朝日新聞社、一九九九。
立花隆「田中真紀子」研究、文藝春秋、二〇〇二。
田原総一朗　今だから言える日本政治の「タブー」、扶桑社、二〇一〇。
田原総一朗　日本の政治、講談社、二〇〇二。
チャン、ゴードン、栗原百代ほか訳　やがて中国の崩壊がはじまる、草思社、二〇〇一。
陳舜臣　中国の歴史シリーズ　コンパクト版、平凡社、一九八六。
寺島実郎　国家の論理と企業の論理、中公新書、中央公論社、一九九八。
寺島実郎　世界を知る力、PHP新書、PHP研究所、二〇一〇。
トインビー、A・J、吉田健一訳　現代が受けている挑戦、新潮文庫、新潮社、二〇〇一。
ドゥルシュミュート、エリック、高橋則明訳　ウェザー・ファクター―気象は歴史をどう変えたか、東京書籍、二〇〇二。
富田俊基　日本国債の研究、東洋経済新報社、二〇〇一。
トフラー、アルビン、徳岡孝夫訳　第三の波、中公文庫、中央公論社、一九八二。
ドラッカー、P・F、上田惇生ほか訳　ポスト資本主義社会―21世紀の組織と人間はどう変わるか、ダイヤモンド社、一九九三。
中川 昭一　飛翔する日本、講談社インターナショナル、二〇〇八。
中曽根 康弘　新しい保守の論理、講談社、一九七八。
中曽根 康弘　大地友情―五十年の戦後政治を語る、文藝春秋、一九九六。
中曽根 康弘　二十一世紀―日本の国家戦略、PHP研究所、二〇〇〇。
中　谷　巌　資本主義はなぜ自壊したのか、集英社インターナショナル、二〇〇八。
中西 輝政　なぜ国家は衰亡するのか、PHP新書、PHP研究所、一九九八。
中西 輝政　日本の「敵」、文藝春秋、二〇〇一。
中西 輝政　日本人としてこれだけは知っておきたいこと、PHP研究所、二〇〇六。
中西 輝政　日本の悲劇、PHP研究所、二〇一〇。
中西 輝政　強い日本をめざす道、PHP研究所、二〇一一。
中原 英臣、二木 昇平　人類が滅びる20の兆候、KAWADE夢文庫、河出書房新社、一九九八。
中　村　道　国際機構法の研究、東信堂、二〇〇九。
中村 靖彦　ウォーター・ビジネス、岩波新書、岩波書店、二〇〇四。
中村 雄二郎　哲学の現在、岩波新書、岩波書店、一九七七。
中　山　茂　科学技術の戦後史、岩波新書、岩波書店、一九九四。
西崎 文子　アメリカ外交とは何か―歴史の中の自画像、岩波新書、岩波書店、二〇〇四。
野口 悠紀雄　世界経済危機―日本の罪と罰、ダイヤモンド社、二〇〇八。
野田 宣雄　二十世紀をどう見るか、文春文庫、文藝春秋、二〇〇九。
パッカード、ジョージ・R、森山 尚美訳　ライシャワーの昭和史、講談社、二〇一〇。
浜　矩　子　グローバル恐慌―金融暴走時代の果てに、岩波新書、岩波書店、二〇〇八。
浜　矩　子　ドル終焉、ビジネス社、二〇一〇。
浜　矩　子　「通貨」を知れば世界が読める、PHPビジネス新書、PHP研究所、二〇一一。

ハンチントン、サミュエル、鈴木主税訳　文明の衝突、集英社、一九九八。
ハンチントン、サミュエル、鈴木主税訳　文明の衝突と21世紀の日本、集英社新書、集英社、二〇〇〇。
藤原帰一　デモクラシーの帝国―アメリカ・戦争・現代世界、岩波新書、岩波書店、二〇〇二。
藤巻健史　マネー避難、幻冬社、二〇一一。
ブラウン、レスター・R、ハル・ケイン、小島慶三訳　飢餓の世紀―食糧不足と人口爆発が世界を襲う、ダイヤモンド社、一九九五。
フリードマン、トーマス、伏見威訳　フラット化する世界　上下、日本経済新聞出版社、二〇〇八。
フリードマン、トーマス、伏見威訳　グリーン革命　上下、日本経済新聞出版社、二〇〇九。
フレイビン、クリストファー　ワールドウォッチ研究所　地球環境データブック 2006―2007　ワールドウォッチジャパン、二〇〇七。
増田弘、石橋湛山―リベラリストの真髄、中公新書、中央公論社、一九九五。
松井茂　世界紛争地図、新潮文庫、新潮社、一九九五。
松浦博司　国連安全保障理事会―その限界と可能性、東信堂、二〇〇九。
松岡正剛　情報の歴史を読む、NHK出版、一九九七。
マディソン、アンガス、金森久雄、政治経済研究所訳　経済統計で見る世界経済二〇〇〇年史、柏書房、二〇〇四。
マルサス、永井義雄訳　人口論、中公文庫、中央公論社、一九七三。
丸山茂徳　ココロにのこる科学のおはなし、数研出版、二〇〇六。
丸山茂徳、磯崎行雄、生命と地球の歴史、岩波新書、岩波書店、一九九八。
丸山茂徳　46億年 地球は何をしてきたか?、岩波書店、一九九三。
丸山茂徳　「地球温暖化」論に騙されるな!、講談社、二〇〇八。
丸山茂徳　科学者の9割は「地球温暖化」CO２犯人説はウソだと知っている、宝島社、二〇〇八。
丸山茂徳　地球温暖化対策が日本を滅ぼす、PHP研究所、二〇〇八。
丸山茂徳　今ここに迫る「地球寒冷化」人類の危機、KKベストセラーズ、二〇〇九。

丸山茂徳監修　3・11本当は何が起こったか：巨大津波と福島原発、東信堂、二〇一二。
丸山真男　日本の思想、岩波新書、岩波書店、一九六一。
メドウズ、D・H、D・L・メドウズ、J・ラーンダズ、W・W・ベアランズ三世、大来佐武郎訳　ローマ・クラブ「人類の危機」レポート、成長の限界、ダイヤモンド社、一九七二。
メドウズ、D・H、D・L・メドウズ、J・ラーンダズ、松橋隆治ほか訳　生きるための選択―限界を超えて、ダイヤモンド社、一九九二。
メドウズ、D・H、D・L・メドウズ、J・ラーンダズ、枝廣淳子訳　成長の限界―人類の選択、ダイヤモンド社、二〇〇五。
モリス、チャールズ・R、山田洋一訳　なぜ、アメリカ経済は崩壊に向かうのか―信用バブルという怪物、日本経済新聞、二〇〇八。
森谷正規　文明の技術史観―アジア発展の可能性、中公新書、中央公論社、一九九八。
ヤーギン、ダニエル、日高義樹ほか訳　石油の世紀―支配者たちの興亡 上下、日本放送出版協会、一九九一。
安田喜憲　気候と文明の盛衰、朝倉書店、一九九〇。
山崎正和　柔らかい個人主義の誕生、中公文庫、中央公論社、一九八七。
山崎正和　近代の擁護、PHP研究所、一九九四。
山崎正和　文明としての教育、新潮新書、新潮社、二〇〇七。
山本吉宣　「帝国」の国際政治学―冷戦後の国際システムとアメリカ、東信堂、二〇〇六。
湯浅赳夫　文明の人口史、新評論、一九九九。
湯浅赳夫　文明の中の水、新評論、二〇〇四。
与謝野馨　堂々たる政治、新潮新書、新潮社、二〇〇八。
与謝野馨　民主党が日本経済を破壊する、文春新書、文藝春秋、二〇一〇。
ランディス、D・S、竹中平蔵訳　強国論―富と覇権（パワー）の世界史、三笠書房、二〇〇〇。
和田武　新・地球環境論―持続可能な未来を求めて、創元社、一九九七。

著者紹介

村上誠一郎（むらかみ　せいいちろう）

昭和27年5月11日生れ
東京大学法学部卒業
愛媛二区選出（9回連続当選）　自由民主党衆議院議員

大蔵政務次官、衆議院大蔵常任委員長、初代財務副大臣等を歴任。
第二次小泉改造内閣で国務大臣（行政改革・構造改革特区・地域再生担当）・内閣府特命担当大臣（規制改革・産業再生機構担当）として初入閣

主な現職は、衆議院政治倫理審査会会長、自由民主党総務、地域再生戦略調査会会長、税制調査会副会長、海運・造船対策特別委員会委員長、四国ブロック両院議員会会長等

宰相の羅針盤――総理がなすべき政策　［改訂］日本よ、浮上せよ！

2011年11月30日　初　版　第1刷発行　〔検印省略〕
2013年　2月　1日　改　訂　第1刷発行

＊定価はカバーに表示してあります

著者©村上誠一郎
＋21世紀戦略研究室
発行者　下田勝司
印刷・製本　中央精版印刷

東京都文京区向丘1-20-6　郵便振替00110-6-37828
〒113-0023　TEL 03-3818-5521（代）　FAX 03-3818-5514
E-Mail tk203444@fsinet.or.jp

発行所　株式会社　東信堂

Published by TOSHINDO PUBLISHING CO., LTD.
1-20-6, Mukougaoka, Bunkyo-ku, Tokyo, 113-0023, Japan

ISBN978-4-7989-0138-1 C0031

Copyright©Murakami Seiichiro

東信堂

宰相の羅針盤—総理がなすべき政策	村上誠一郎＋21世紀戦略研究室	一六〇〇円
（改訂）日本よ、浮上せよ！ 福島原発の真実 このままでは永遠に収束しない。—まだ遅くない——原子炉を「冷温密封」する！	村上誠一郎＋原発対策国民会議	二〇〇〇円
3・11本当は何が起こったか：巨大津波と福島原発—科学の最前線を教材にした暁星国際学園「ヨハネ研究の森コース」の教育実践	丸山茂徳監修	一七一四円
2008年アメリカ大統領選挙—オバマの勝利は何を意味するのか	吉野孝・前嶋和弘 編著	二〇〇〇円
オバマ政権はアメリカをどのように変えたのか—支持連合・政策成果・中間選挙	吉野孝・前嶋和弘 編著	二六〇〇円
オバマ政権と過渡期のアメリカ社会—選挙、政党、制度メディア、対外援助	吉野孝・前嶋和弘 編著	二四〇〇円
政治学入門	内田満	一八〇〇円
政治の品位—日本政治の新しい夜明けはいつ来るか	内田満	二〇〇〇円
日本ガバナンス—「改革」と「先送り」の政治と経済	曽根泰教	二八〇〇円
「帝国」の国際政治学—冷戦後の国際システムとアメリカ	山本吉宣	四七〇〇円
国際開発協力の政治過程—国際規範の制度化とアメリカ対外援助政策の変容	小川裕子	四〇〇〇円
アメリカ介入政策と米州秩序—複雑システムとしての国際政治	草野大希	五四〇〇円
ドラッカーの警鐘を超えて	坂本和一／大内一寛	二五〇〇円
最高責任論—最高責任者の仕事の仕方	樋尾起年	一八〇〇円
実践 ザ・ローカル・マニフェスト	松沢成文	一二三八円
実践 マニフェスト改革	松沢成文	二三〇〇円
受動喫煙防止条例	松沢成文	一八〇〇円
（現代臨床政治学シリーズ）		
リーダーシップの政治学	石井貫太郎	一六〇〇円
アジアと日本の未来秩序	伊藤重行	一八〇〇円
象徴君主制憲法の20世紀的展開	下條芳明	二〇〇〇円
ネブラスカ州における一院制議会	藤本一美	一六〇〇円
ルソーの政治思想	根本俊雄	二〇〇〇円
海外直接投資の誘致政策—インディアナ州の地域経済開発	邊牟木廣海	一八〇〇円
ティーパーティー運動—現代米国政治分析	藤本一美・末次俊之	二〇〇〇円

〒113-0023 東京都文京区向丘 1-20-6 TEL 03-3818-5521 FAX03-3818-5514 振替 00110-6-37828
Email tk203444@fsinet.or.jp URL:http://www.toshindo-pub.com/

※定価：表示価格（本体）＋税